世界卓越工学院战略研究

林建华 陈春花 李咏梅 刘超 朱丽 著

清华大学出版社
北京

内 容 简 介

在以 AIGC（Artificial Intelligence Generated Content）为新动能的新一轮产业革命中，中国需要各类工程人才，既需要传统的工程技术人才，也需要工程科学人才，当然更需要卓越引领型人才。本书以高校实践为抓手，主要探索三个方面的问题：其一，探索顶级工学院的未来图景及创新运行与管理机制的核心特征，总结出可供借鉴的世界卓越工学院运行和管理机制；其二，挖掘创新型工程人才的本科培养模式，构建创新型工科本科人才培养模式来支撑国家战略发展与产业及社会需求；其三，探索新一轮产业革命下中国特色民办大学的协同建设路径，探索突破大学边界，建立拥有先进教育资源的工科顶级教学研究平台范式。

本书为包括高校教师、政府相关人员和其他教育工作者在内的读者提供借鉴。

版权所有，侵权必究。举报：010-62782989，beiqinquan@tup.tsinghua.edu.cn。

图书在版编目（CIP）数据

世界卓越工学院战略研究 / 林建华等著 . —北京：清华大学出版社，2024.2
ISBN 978-7-302-65624-1

Ⅰ.①世… Ⅱ.①林… Ⅲ.①高等学校－工科(教育)－发展战略－研究－中国 Ⅳ.① G649.2

中国国家版本馆 CIP 数据核字 (2024) 第 048269 号

责任编辑：王巧珍
封面设计：傅瑞学
版式设计：方加青
责任校对：王凤芝
责任印制：沈 露

出版发行：清华大学出版社
网　　址：https://www.tup.com.cn，https://www.wqxuetang.com
地　　址：北京清华大学学研大厦 A 座　　邮　　编：100084
社 总 机：010-83470000　　邮　　购：010-62786544
投稿与读者服务：010-62776969，c-service@tup.tsinghua.edu.cn
质 量 反 馈：010-62772015，zhiliang@tup.tsinghua.edu.cn

印 装 者：北京同文印刷有限责任公司
经　　销：全国新华书店
开　　本：155mm×230mm　　印　　张：12.25　　字　　数：151 千字
版　　次：2024 年 3 月第 1 版　　印　　次：2024 年 3 月第 1 次印刷
定　　价：98.00 元

产品编号：103596-01

引　言

> 追求一流是一个永无止境、不断超越的过程，要明确方向、突出重点。
>
> ——习近平

工程教育的重要性

新科学知识的涌现推动了新技术产业的进展；新产品、新行业、新机会都需要具有创新能力的人才集聚。从全球范围看，经济发展和人才培养直接相关，而人才最核心的载体就是大学，因此，工科大学教育的领先程度决定工科人才的能力水平。科学发现对新技术、新产业的影响越来越大，科学发现、科学与工程相结合对保持竞争优势具有绝对的重要性，将科学与技术紧密结合的教育模式，帮助一些国家和地区成为全球未来产业技术引领之地，没有及时跟上工程科学人才培养步伐的国家与地区，则在竞争中处于落后地位。

数字技术发展让我们身处的世界发生了巨大变化。世界开始万物互连，并处处体现"工程思维"，信息技术也加快了"工程产物"的发展。我们发现，技术创新与发展不仅需要新的科学发现，还有赖于对经济社会和人文的理解。那些逐渐兴起的"独角兽"企业和涌现的新产业新行业，就是因为洞察了社会需求及人的价值需求，将科学发现、技术进步与其很好地结合在了一起。更为本质的是，很多新产业、新行业不再仅仅是通过改进产品满足人们的需求，而是开始引领人们的需求。领先的工程教育，能够满足新时代对工程人才培养所提出的新要求。新一代的工程人才，既要具备科学和技术的知识与能力，还要具有更深厚的人文和社会科学基础，能以批判和创新的眼光敏锐地发现新的机遇，以更强的领导和管理能力组织与带领团队，为共同的目标而奋斗。如果没有领先的工程教育，就无法培养出创新的工程技术人才，也就无法保证我国在未来世界格局中的安全、发展与繁荣。

世界工程教育的现状

从世界各国工程教育的历史发展来看，有三种典型的工程教育模式。一是"工程技术"教育模式，也可以称为传统的工程教育模式，以工程技术教育为主。这是基于实用主义的教育模式，苏联后来将其发挥到了极致，直到今天依然是很多传统工学院的教育模式。工程技术的培养目标是培养特定岗位的专业技术人员，因而非常关注工程规范和标准。二是"工程科学"教育模式。它强调科学研究和工程技术并举，工程师不能仅满足于技术层面，而需要理解科学新发现中的工程意义。该教育模式兴起于二战后的美国，后逐步为世界主要发达国家所接受。大家发现，很多重大技术应用的实现基本都是前沿科学与工程技术紧密结合的结果，如半导体材料和大规模集成电路、激光技术的应用等。工程科学的培养目标是培养能够创造性地解决工程问题的人才。钱学森先生很早就谈及工程科学人才的培养，他认为工程科学人才不仅需具备扎实的科学基础、学术研究的素养和能力，还要对实际工程有很强的感知和实践能力。很多国家也以科学原理和工程技术实践相结合的方式培养工程科学人才。三是"卓越引领"教育模式。为弥补工程技术教育和工程科学教育模式的不足，进一步理解并适应社会和产业的快速发展变化，人们从不同的角度开展引领创新型工程人才培养的尝试。从成长和教育理念上看，该教育模式既需要较强的科学和技术的知识基础，也更加关注学生的社会体验和人文素养。如果说工程技术教育和工程科学教育属于专业教育，那么"卓越引领"教育模式是一种专业教育与通识教育相结合的教育模式。卓越引领型人才培养的主要目标是培养能够引领产业变革和发展的工程人才。未来工程教育不仅是科学与技术的结合，更需要对人、社会和自然有深刻的理解，只有这样，才能敏锐发现新问题和新机遇。

总体来看，世界各国都形成了自己独特的工程教育模式。世界发达国家工程教育的发展，让我们对工程教育有了更深入的认识和理解。首先，各国的工程教育并不是单一模式，而是根据产业发展的实际状况和需求，将上述三种工程教育模式合理地组合在一起。顶尖工学院大多都实现了从工程技术到工程科学的模式转变，但它们并没有完全废弃工程技术教育，而是将这部分教育主要交由技术或职业类的学校承担。工程技术教育是一种大众化教育模式，为制造业提供人才支撑。而工程科学和卓越引领都属于精英教育，是一些顶级工学院采取的教育模式。其次，顶尖工学院都非常重视学生的人文和社会科学素养，旨在培养学生较强的综合素养和实践能力，帮助他们更好地理解社会和人的需求。可以说，这些顶级工学院正开始关注培养更具创造性和引领性的人才。最后，一些国家开始尝试卓越引领型人才培养的探索，希望从根本上改变顶尖工学院的工程教育格局。如瑞士的洛桑联邦理工学院及美国新建的欧林工学院等，它们尝试变革学校治理机制和人才培养模式，激发学生的主动性和创造性，将理论知识与实践融合，将对学生的人文素养、科学知识与工程技术的培养充分融合，以使他们能更好地适应和引领未来。

中国高等工程教育的现状

中国工程教育经历了持续改革,中国高等工程教育也正在由大变强。1995 年,我国开始实施面向 21 世纪高等工程教育教学内容和课程体系改革计划;2003 年实施质量工程和本科教学工程;2005 年进行 CDIO(Conceive-Design-Implement-Operation,即构思—设计—实施—运作)改革试点,2006 年开始工程教育专业认证试点;2010 年开始卓越工程师教育培养计划。2016 年 6 月 2 日,在马来西亚吉隆坡召开的国际上最具权威性和影响力的工程教育互认协议国际工程联盟大会《华盛顿协议》全会上一致通过接纳中国成为第 18 个正式成员。这标志着我国工程教育质量实现国际实质等效,进入工程教育全球"第一方阵",受到国际认可。目前,从参与工程教育的学校、工科专业招生数、在校生数、毕业生数来看,我国当之无愧是工程教育的第一大国。

教育部高等教育司司长吴岩介绍,"世界正在改变,工程教育正迎来从量变到质变的新阶段"。因而我国要在全世界率先探索建设新工科。但我们也要注意到,虽然一些高校实施了带有工程科学成分的"强基计划",但我国工科大学多以工程技术教育模式为主,且培养的毕业生中依然缺乏顶级创造性人才。

同时,中国已经集聚起很强大的社会资源,希望用自己的力量举办高水平的大学,特别是工科大学。笔者认为,新建的民办大学应该以培养工程科学人才或卓越引领人才为目标,而不能仅仅局限在职业技术人才的培养上(不是说培养职业技术人才不重要,而是这类人才的培养任务应交给现有的一些高职院校)。未来的工学院和工程教育一定要打开边界,让公办和民办院校都成为工程教育发展的核心驱动力量;更要打开学科边界、打开学习边界、打开学校边界和打开教师边界。

中国大学工程教育改革的必要性

我国的近代工程教育源于苏联，在特殊的历史时期帮助我们培养了大量优秀的工程技术人才。但新技术新经济带来的新要求促使我们必须改变教育方式，培养更具创造性的各类工程人才。新产业面临的很多新问题和"卡脖子"技术问题等的解决都需要在数学方法、科学研究和系统集成等方面有新的发现，因而需要能融合科学发现与工程技术的人才及相关培养模式。传统的以知识传授为主的大学工程教育已不能适应时代的要求，必须要做出相应的改变。可以说，现在工程人才的培养要更关注学习的整体性或系统性、创造性和实践性。我们必须依靠人才培养来创造新的知识和技术，以提供经济发展动力；我们必须打开校门，与企业融合共生，充分利用高新技术企业创造活力，使学生在实践中得到历练成长；我们也必须培育学生的人文素养，使他们为人类文明的进步和发展做出更大贡献。国际形势的变化、经济的发展及工程教育的发展趋势决定我们必须要进行工程教育的改革。

1. 为了国家的安全

习近平总书记于2019年5月在江西考察时曾提到两个"大局"，首先是我们正处于百年未有之大变局。全球化与逆全球化的交锋，科技革命浪潮催生许多新兴产业，新冠疫情带来了世界新政治经济格局及新旧治理体系的转化。同时我们认识到，这也是我们实现中华民族伟大复兴战略的全局。中美贸易战及相关逆全球化举措对中国国家安全的影响本质上是从基础或源头技术上对中国进行制约，而变革和发展顶级工程教育有助于解决国家的这一"卡脖子"问题。

2. 为了经济发展的需要

从经济发展上看，数字技术引领下涌现出的新业态、新模式造成各新兴领域对人才的需求不断扩大，而现有工科大学或学院难以培养出大规模的高质量人才。在 21 世纪，世界范围内爆发了以数字经济为主要发展引擎的新一轮科技革命和产业变革，而且中国已然成为数字经济的主要引领者。在 2020 年，全球数字经济规模达到 32.6 万亿美元，GDP 占比是 43.7%。在发达国家，这一比例已达到 54.3%。而中国数字经济规模在 2020 年为近 5.4 万亿美元，居全球第二位（美国居第一，其 2020 年数字经济规模达 13.6 万亿美元），同比增长 9.6%，增速为全球第一。党的十八大以来，以习近平同志为核心的党中央提出了新洞见，希望大力发展数字经济，加快推进数字产业化、产业数字化，推动数字经济和实体经济深度融合，并提出建设"数字中国"战略。数字经济的发展需要更多引领产业的创造性工程人才。

从工程教育的发展历史来看，我们发现现有的教育系统不能激发学生的主动性，这对于培养产业领军人才、大国工匠极其不利。而为未来产业变革和技术创新做好准备是大学教育的重要任务之一。作为科技创新主力军的高等学府，在支撑国家发展战略、服务引领产业发展等方面，具有义不容辞的责任，此责任践行的力度与质量，决定了国家及全球的发展。为了更好地使我国从制造业大国向制造业强国转变，我们的工程教育应当是多样化和多层次的。在新时代下，我们需要各级各类工程人才来支撑"数字中国"战略，既需要传统的工程技术人才，也需要工程科学人才，当然更需要卓越引领型工程人才。

在培养工程科学人才和卓越引领型人才方面，如果仅依靠现有大学传统教育模式进行相应变革会比较困难。因而，组建新型工学院，以新理念号召集聚有志之士，在中国探索卓越引领型人才培养模式，既有意义，也很有必要。今天，企业已经成为技术创新主体，大学已失去对知识的垄断地位，社会和企业中蕴藏着丰富的教育资源。如果能够充分利用社会资源，再获得国家更开放的政策支持，以公助民办的方式，会更有利于工程教育改革探索的成功。

中国工程教育的改革思路和举措

1. 顶级工学院构建

经过200多年的发展演化，工程教育逐渐形成了三种不同的培养模式，既要有重视科学研究的工程科学教育，也要有重视实践能力和技术操作的工程技术教育，还应当有重视创造的卓越引领教育。这三种模式的目标不同，教学内容和学习方法也不同。笔者认为，未来的顶尖工学院可以采用工程科学、卓越引领两种教育模式；工程技术教育则可能成为地方工科大学和高等职业学校的主要教育模式。正是本着这样的理解，我们进行了相关调查研究。

在卓越引领型工程人才的培养上，我们才刚刚起步。在国家的大力倡导和支持下，不少高校在创新创业教育上做了一些有益的尝试。但卓越引领型工程人才的培养任重而道远，并非是仅融入一些创新创业教育，更需要注意培养学生的批判性思维能力、发现问题和解决问题的能力以及勇于开拓的行动能力，并将其融入学生的整个学习成长过程中。未来顶级工学院需要做到全球范围内的协同共生，需要打破边界，调动各类教育和学术实践资源，让学生在创造中学习，在实践中成长。各高校都应当发挥各自的优势，积极探索卓越引领型工程人才培养的方法和路径，将工程技术教育、科学研究及人文主义教育融合起来，努力培养和造就一批能够引领产业变革的优秀人才。

在顶级工学院的人才培养方案中，既要注重学生的学术研究训练，也要关注学生的实践能力培养，同时，重视学生的人文和社会科学素养，使学生能够更好地理解社会和人的需求；另外，需要更注重学生学习的自主性和主导性，调动学生学习积极性，培养更具创造性和引领性的人才。根据不同工程人才的培养目标，通过建立跨学科的课程结构与教学方式，重塑人才培养的"管、办、评"机制等举措，适应顶级工学院建设的时代要求，坚持以创新人才培养为变革方向，有助于建立可持续的教育培养体系。

2. 改革本科教育

大学的灵魂生发于富有文化底蕴的本科教育，本科教育是大学之根本。本科教育能够帮助学生塑造完整的人格，获得广博的知识面和视野，获得清晰严谨的思维方式和方法论，让学生能更好地适应和创造未来。因此，本科阶段是人才成长的关键时期，它决定了学生后续发展的潜力和高度，也决定了我们国家未来的科技创新领军人才的层次，以及能否抢占未来科技发展的先机。

在 2023 年 QS 世界大学排名上，出现很多工程教育强的中国高校，包括清华大学、北京大学、中国科学技术大学、哈尔滨工业大学、南方科技大学及北京理工大学等。但同时，2021 年，发表在国际顶级期刊《自然》(*Nature*)子刊《人类行为》(*Human Behavior*)上的工程教育国际比较报告显示，中国大学生在经过 4 年大学本科的学习后，学术技能与批判性思维能力竟然出现了下降。麻省理工学院发布的《全球一流工程教育发展现状》也指出，无论是"现任引领机构"与"未来引领机构"，它们在工程教育理念、以学生为中心、协同实践等方面面临巨大挑战。

这些从侧面反映了中国工程教育需要重塑与系统性改革，我们的工程本科教育模式必须革新。培养引领未来技术、促进产业发展的人才是对中国工程教育的新要求和新挑战。在工程本科教育中，支撑产业升级的人才储备尤其是高层次、创新型工程技术人才明显不足。所以，建设顶级工学院和培养高质量工科本科人才，既是对国家战略的响应，也是提升国民科学素质与能力的需要。教育部在2019年指出"本科教育发生了格局意义的变化"，不仅学生的投入度增加，而且创新创业教育驱动下人才培养的模式也发生了改变，很多高校都开始进行本科教育的变革。新工科建设也在全面深化发展，由组织模式创新带动工程教育开启全方位深层次的变革。吴岩也认为，本科的育人质量提升将以加速度向前迈进。

3. 中国民办大学协同建设探索

从世界范围来看，很多顶级大学包括麻省理工学院、斯坦福大学及哈佛大学等都属于私立大学，它们在工程人才培养和科学研究上都做出了巨大贡献。在中国，民办大学在应用型人才培养方面贡献较大，但依然存在人才培养较低端的问题。同时，在科学发现和前沿研究的表现上，我国民办高校基础都较为薄弱。

我国多数民办大学并没有资源和力量组织前沿科学研究，因此，也无法实现从"工程技术"向"工程科学"的教育模式升级转变。那些希望提高培养层次的民办工学院应当多倾注一些精力在提高学生的人文素养、团队合作、领导和管理能力上，即通过与企业的协同与合作，构建培养卓越引领型工程人才的教育体系。我们期望通过参考世界卓越工学院的协同建设路径，探索出中国民办大学的协同建设理念和方法。

目　录

总论 ··· 1
　　一、关于工程教育的一些观点 ··· 1
　　二、项目的缘起 ··· 10

第一章　世界卓越工学院运行和管理机制的创新型研究 ··· 24

　　第一节　顶级工学院与工程人才的未来画像 ······························· 24
　　第二节　研究目的、过程与方法 ··· 34
　　第三节　研究发现 ·· 36
　　　　一、教育使命、愿景和理念 ·· 36
　　　　二、专业学科与课程结构 ··· 40
　　　　三、教学方式 ··· 47
　　　　四、管理制度特色实践与文化价值观 ·································· 51
　　　　五、融合共生与内外协同 ··· 54
　　　　六、国际化 ··· 61

第二章　工程人才的创新型本科培养模式研究 ··············· 69

　　第一节　工程人才教育与改革 ·· 69
　　　　一、工程人才教育模式的挑战 ··· 72
　　　　二、工程人才教育模式的未来核心 ····································· 76
　　第二节　国外顶级本科工程人才培养的模式 ······························· 79

XI

一、美国创新型本科工程人才教育……………………………79
　　二、欧洲创新型本科工程人才教育……………………………90

第三节　国内创新型本科工程人才教育…………………………97
　　一、清华大学……………………………………………………97
　　二、北京大学……………………………………………………99
　　三、其他优秀大学………………………………………………102

第四节　顶级工程本科创新人才培养模式的重点思考…………104
　　一、教育定位与理念维度………………………………………105
　　二、教育制度及教学方式维度…………………………………105
　　三、课程体系设计维度…………………………………………108
　　四、"产教融合，科教融合，国际协同"维度…………………109

第三章　新一轮产业革命下具有中国特色的民办大学协同建设路径……………………………………………………112

第一节　中国民办大学协同基本现状……………………………112
　　一、高校发展之校际协同困境…………………………………112
　　二、人才培养与科研协同困境…………………………………113
　　三、科技成果与产业协同困境…………………………………115
　　四、构建新的民办顶尖工学院的协同路径……………………117

第二节　典型国内优秀民办大学的建设现状……………………118
　　一、黄河科技学院：有特色的产学研结合的教育模式………118
　　二、西京学院：书院制管理模式的协同建设路径……………123
　　三、西湖大学：新型民办研究型大学的协同建设探索………125

第三节　典型世界顶级私立大学的协同建设启示………………130
　　一、麻省理工学院：研究导向的全方位协同路径……………130
　　二、加州理工学院………………………………………………134
　　三、两所顶级工学院协同建设路径核心特征…………………137

第四节　具有中国特色的民办大学协同建设的四个体系探索……………………………………………………………139

一、多元价值主体协同管理体系探索 ································ 140
二、民办教学中的教育教学协同体系探索 ···························· 142
三、科研导向的师资队伍与教师评估体系建设 ······················ 143
四、"通识教育"与"专业教育"并重的中国特色学科体系
　　设计 ··· 143

第四章　工学院建设战略规划的关键点 ···················· 145
第五章　建设世界卓越工学院的实用性建议 ················ 149
结束语 ·· 154
参考文献 ·· 155
附录 ·· 160

总　　论

300万年前，一个古人捡起一块石头，发现了其他古人从未想到过的可能性。从此，一切都不一样。

——罗伯特·L.凯利（Robert L.Kelly）

一、关于工程教育的一些观点[①]

1. 工程教育的历史发展

最早的工程教育出现在法国大革命时期。当时，拿破仑关闭了所有的大学，建立高等专科学校，其中以巴黎高科技工程师学校集团为代表的工程学校最为著名。随后，专门的工程学校在欧洲普及开来。从历史发展看，有三种典型的工程教育模式。

一是"工程技术"教育模式，也可以称为传统的工程教育模式。早期的工学院都是以工程技术教育为主的，时至今日，这仍然是很多传统工学院的教育模式。我们知道，在工业革命时期，技术与科学前沿的结合并不十分紧密。实用性技术所依据的科学原理，很多都是在几十年甚至上百年前发现的。例如，在工业化和电气化时代，多数产品或技术的科学基础是经典力学与电学。人们对工程师的要求是利用这些科学的基本原理发明和制造出实用的产品，并不需要去探索科学前沿，或利用科学最新发现。在新中国成立初期，我们面临的主要任务是实现工业化，大学的专业设置和教育模式以工程技术为主。几十年来，我们培养的工程技术人才，在国家工业化进

---

① 本书中的一些观点和数据发表在相关文章上：林建华，陈春花，李咏梅等.世界顶级工学院的战略发展路径与人才培养[J].高等工程教育研究，2021（06）：1-11.

程中做出了巨大贡献。

二是"工程科学"教育模式。第二次世界大战不仅是一场正义与邪恶力量之间的战争，还是一场科学与技术的竞争。一些重要的武器装备是在最新科学发现的基础上，将前沿科学与技术完美结合的产物，如雷达、原子弹等。二战之后，范内瓦·布什（Vannevar Bush）和拉什·霍尔特（Rush D. Holt）在《科学：无尽的前沿》（Science, the endless frontier）中，深刻阐释了科学发现、科学与工程结合对保持美国竞争力的重要性[①]。之后，美国很多顶尖的工学院，都更加注重探索科学前沿，工程教育模式也从传统的工程技术转向了工程科学。工程科学要求学生具备坚实的科学基础，并具备一定的学术创新能力。这种将科学与技术紧密结合的教育模式，逐步为世界主要发达国家所接受，以这种模式培养的工程科学人才为信息技术的兴起奠定了坚实的人才基础。20世纪后期，科学发现对新技术、新产业的影响越来越大。例如，半导体材料和P-N结的发现，促使了大规模集成电路技术的发展，继而孕育了计算机产业。而激光的发现和光纤材料的研究，使大规模数字传输成为可能，奠定了互联网的技术基础。值得提及的是，当时的苏联、东欧地区和中国，还有其他一些欧洲国家，由于没有及时跟上工程科学人才培养的步伐，因而在后来的信息技术领域的竞争中处于落后地位。

三是"卓越引领"教育模式。进入新世纪，人们所处的社会环境和产业领域已经发生了很大变化。技术进步除了更加依赖新的科学发现之外，与社会和人的发展的结合也更加紧密了。近年来兴起的一些新产业、新行业，尤其是众多的高科技创业企业，不仅要对科学有深刻理解，更需要理解社会变化趋势、人们的价值需求，很

---

① 范内瓦·布什，拉什·D.霍尔特. 科学：无尽的前沿[M]. 北京：中信出版集团，2021.

多新产业、新行业已不再仅仅关注产品的改进，而是引领人们的需求。这也对工程人才的培养提出了新的要求。新一代的工程人才，不仅要具备科学和技术的知识与能力，还要具有更深厚的人文和社会科学基础，能以批判和创新的眼光敏锐地发现新的机遇，更要有很强的领导和管理能力，能够组织队伍，为共同的目标而奋斗。最近，美国和一些发达国家的有识之士已经注意到传统工程技术教育和工程科学教育的不足，从不同的角度开展卓越引领型工程人才培养的尝试，美国的欧林工学院就是一种全新的工程教育尝试[①]。

2. 世界工程教育的格局

世界各国的工程教育，并不是单一模式，而是根据产业发展实际状况和需求，将上述三种模式合理组合在一起。因此，在考察各国工程教育状况时，一定要考虑到各国产业发展实际状况和需求，从本质上看，工程教育是为所在国产业服务的。从整体上看，西方发达国家顶尖工学院的工程教育，大多实现了从以工程技术为主向以工程科学为主的转变，但由于各国的产业发展状况不同，侧重点还是有一定差别的。欧洲国家的制造业比较发达，也都各有特色。因此，除了需要工程科学人才之外，欧洲国家仍然保留了较大的工程技术人才培养规模。例如，德国有很庞大的高等工业学校体系和高等职业教育学校体系，对学生进行严格的实际工作技能培训。大多数顶尖工学院都基本完成了模式转型，无论是德国的工业大学，还是法国的高等专科学校，在人才培养的方案中，既注重学生的学术研究训练，也十分关注学生的实践能力培养。

---

① 可参见：a. School of Engineering. Imagine the Future[EB/OL].[2019-01-27]. http://engineering Stanford. Edu /about/index.html; b. 于海琴，陶正，王连江，Helen Haste. 欧林：打造工程教育的"实验室"（上）——访欧林工学院校长理查德·米勒 [J]. 高等工程教育研究，2018（03）：45-52; c. 于海琴，陶正，王连江，Helen Haste. 欧林：打造工程教育的"实验室"（下）——访欧林工学院校长理查德·米勒 [J]. 高等工程教育研究，2018（04）：40-44+71.

美国的产业发展是多样化的，不仅制造业很发达，更是很多新兴产业的发源地。因此，美国的工程教育模式也是多样化的。美国是最先实行工程科学教育模式的国家，大多数顶尖工学院都完成了从工程技术到工程科学的教育模式转型。但也有一些州立大学和社区学院，仍然保持了传统的工程技术教育模式。美国的顶尖工学院一直在不断进行工程教育改革。一方面加强锻炼学生的批判性思维，提高创新创造能力；另一方面加强人文和社会科学教育，以适应快速变化的产业和社会环境。其中，欧林工学院的教育改革得到了很多学校的高度认可，一些老牌的顶尖工学院如伊利诺伊香槟分校（University of Illinois at Urbana-Champaign，UIUC）、麻省理工学院（Massachusetts Institute of Technology，MIT）等，也开始借鉴欧林工学院的培养模式，加强学生的实践能力和创新能力。可以说，目前美国仍然是卓越引领型工程人才培养的引领者。

世界发达国家工程教育的发展给我们几点启示。一是顶尖工学院大多都实现了从工程技术到工程科学的教育模式转变，但国家并没有废弃工程技术教育，而是将这部分教育主要交由技术或职业类的学校承担。二是顶尖工学院都非常重视学生的人文和社会科学素养，帮助学生能够更好地理解社会和人的需求。三是更加注重学生学习的自主性和主导性，调动学生学习积极性，培养更具创造性和引领性的人才。四是一些国家已经开始尝试卓越引领型人才培养的探索，希望从根本上改变顶尖工学院的工程教育格局。

中国的工程教育主要继承了苏联模式。这是一种工业时代的教育模式，学校按工业领域分类，院系专业划分很细，学科之间的壁垒也很深，很多专业是按工业流程的岗位划分的。这种培养方式以知识传授为主，培养模式单一，也不太重视学生的人文和社会科学素养。由于与现代产业的需求脱节，近年来学生的实践训练和就业受到了很大限制。改革开放之后，我国很多工学院对教育模式进行了改革。例如，一些学校通过大学合并加强了学科的综合性，为拓宽学生视野和学习领域打下了基础。还有一些学校营造更具创造性的学术环境，鼓励学生参与学术研究。可以说，中国顶尖工学院正在积极推进从工程技术教育向工程科学教育的转型。

中国是制造业大国，正在向制造业强国转变。要实现从"中国制造"向"中国创造"转变，关键在人才。作为一个制造业大国，我们的工程教育应当是多样化和多层次的，既要有重视科学研究的工程科学教育，也要有重视实践能力的工程技术教育，还应当有重视创造的卓越引领工程教育。目前，中国已经拥有一批顶尖的以工科见长的大学，如清华大学、上海交通大学、哈尔滨工业大学、西安交通大学、北京航空航天大学等，还有一大批地方的工科大学和学院。另外，近年来，国家也高度重视职业型人才培养，各地都组建了一些高等职业学院。

从目前的情况看，多数的工科大学仍然以传统工程技术教育为主。近年来，一些顶尖的工科大学大力加强学生的素质教育，关注学生的全面成长，而且随着教师学术研究任务的增加，更多的学生参与教师的学术研究中，也大大提升了学生的科学素养和创新能力。但从总体看，我们的工程教育理念和学术思想仍然是传统的。值得高兴的是，一些综合性大学开始关注应用领域研究和科技成果转化。还有一些优秀的综合性大学也建立起了自己的工学院。例如，北京大学工学院是2006年建立的，其宗旨是依托北京大学文理科优势，重点发展工程科学，南京大学等大学的工学院也都是以工程科学人才培养为主要目标的。

目前，中国大学的工科学生占学生总数的1/3，工程教育规模是世界上最大的。但无论从结构上看，还是从学生质量，特别是创新能力上看，我们培养的工程人才仍然有很大的上升空间。有学者对比我国工科大学和世界一流大学时发现，我国工科大学在国际化办学（如国际教师和国际学生比例），高质量研究成果（如获诺贝尔和菲尔兹等大奖）方面相对较差，他们进一步研究发现，我国工科大学在雇主评价、学术评价等维度也存在较大的可完善空间，需要补齐短板[①]。另外，工科学生在学习的投入主动性方面整体情况不容乐观，不能适应新时期下对学生创新能力与前沿知识的要求。虽然我国每年培养的工程人才总量庞大，每年的工科毕业生数量超过世界工科毕业生总数的1/3，但支撑产业升级的人才储备尤其是高层次、创新型工程技术人才明显不足。同时，最近在《自然》子刊《人类行为》发表的报告表明，中国的工程教育使学生的批判性思维能力和学术能力（主要是数学和物理）明显下降。因而，工程教育改革势在必行[②]。

3. 人才培养模式

上述三种工程人才培养模式，在培养理念、培养目标、培养方案和教学方法上都有很大的不同。工程技术教育的培养目标是培养特定岗位的技术人员，因而比较注重学科的专业基础和学生的实际工作能力，以及工程的标准和规范。而在前沿科学进展、学术研究能力、创造和批判性思维等方面没有提出特别的要求。以这种方式培养的工程技术人员，可以很好地满足特定岗位的任务和要求，但并不能根据科学的最新进展，提出与众不同的解决方案。

工程科学教育的目标是培养能够创造性地解决工程问题的人才。按照钱学森先生的设想，这是一种跨学科的人才培养方案。学生先要接受良好的理科教育，然后再接受工程的规范教育，并进行实际项目的研究与实践。从目前情况看，国外顶尖工学院在工程科学本

---

① 王兆旭，薛惠锋. 基于QS和ARWU排名体系的我国工科大学与世界一流大学的差距分析[J]. 电子科技大学学报（社科版），2017，19（04）：106-112.
② Loyalka, P., Liu, O.L., Li, G. et al. Skill levels and gains in university STEM education in China, India, Russia and the United States. Nature Human Behavior, 2021. https://doi.org/10.1038/s41562-021-01062-3.

科阶段的教学计划中设置了很多理科课程,当然也包含很多工程和技术的课程,特别是工程原理、工程标准和规范等方面的课程,可以使学生较早地了解工程领域的各类要求。与此同时,学生还需要进行工程实验与实践。与传统工程技术教育相比,工程科学培养的人才适应性更强,有一些学生选择继续深造,最终从事学术研究工作,而更多的则选择在公司或研究机构从事研发和其他工作。从总体看,工程科学培养的仍然是专业技术人才,对社会需求的新变化和新机遇并没有特别关注与探索,因此,并不是引领产业变革的领导型人才。

卓越引领型人才培养的主要目标是培养能够引领产业变革和发展的工程人才。20世纪90年代初,针对工程科学教育的不足,美国国家科学基金会(NSF)设立了一个工程教育改革项目,希望推动部分顶尖工学院的工程教育变革,面向未来,培养更具创造性的工程领导人才。但项目并不十分成功,其原因可能是多方面的。首先,顶尖的工学院都有自己的人才培养理念和传统,学校的声誉已经比较好了,学生来源也不错,因而对彻底的人才培养模式改革的积极性和热情不会很高。其次,卓越引领型人才培养是一项探索性工作,培养方案、教学方式等都没有现成方案可以借鉴,这不仅需要学校领导有强烈的意愿,还需要教师的改革积极性,这在已经具有很好声誉且生源不错的顶尖工学院中,真正实施起来会是一件很困难的事情。

20世纪90年代末,美国欧林基金会(Franklin W. Olin Foundation)决定投入所有资金,组建一所新的工学院,召集富有改革精神的一批教师,从头开始,从根本上变革工程教育培养模式。自1997年学院建立起,欧林工学院进行了大量的探索性工作,以学生参与工程项目实践为线索,让学生从实践活动中找到自己的兴趣和方向,发现自己在知识和价值观念上的不足;同时,教师在教学理念、教学方式上进行了彻底变革，充分信任学生，将学生置于学习的主体地位。欧林工学院的教育改革获得了巨大成功，毕业生的能力和创造性得到了各方的高度认可。例如，欧林工学院确认教授的最佳标准是激励型（inspirational）本科工程人才，这些教授将致力于以合作形式开展创新教学。在学生培养方面，他们提出了如"每年培养计划均需包含动手实践设计项目""学生有机会以团队成员和领导者身份开展科研工作"及"为社会做出实质性、建设性贡献"等相关愿景宣言。在课程体系上，欧林工学院更是构建了"欧林三角（Olin Triangle）"培养模型，设计了以"工程教育""人文艺术教育"和"创业教育"为核心的课程体系，还提供了设计式团队学习、创业思维构建及体验式学习等培养之道。①

人的成长是一个复杂的过程，人的创造性和领导能力更是由多种因素促成的，因此，在大学阶段，学生并非仅仅是学习知识，而是通过各种学术的和非学术的活动，树立人生目标，增长才干和能力。1905年，美国辛辛那提大学曾提出了一种大学与企业合作的人才培养模式，也称作Co-op模式。本科实行五年制，中间三年学生交替在学校学习和企业工作。在企业工作和独立生活的经历，使学生有机会把学到的理论和知识与工作和生活实际紧密结合在一起，这不仅有利于提高掌握和运用知识的能力，也会使人更快地成长成熟。2013年，重庆大学与辛辛那提大学合作，建立了Co-op项目，从毕业生的情况看，这种教育方式是一种高效的、有利于培养学生独立性和创造性的方式。

---

① 可参见：a. OLIN AT-A-GLANCE [EB/OL]. https://www.olin.edu/about-olin/glance/. b. 于海琴，陶正，王连江，Helen Haste. 欧林：打造工程教育的"实验室"（下）——访欧林工学院校长理查德·米勒 [J]. 高等工程教育研究，2018（04）：40-44+71. c. 菲利普.阿特巴赫（Philip Altbach），莉斯.瑞丝伯格（Liz Reisberg），贾米尔·萨尔米（Jamil Salmi），伊萨克·弗劳明（Isak Froumin）. 新兴研究型大学：理念与资源共筑学术卓越 [M].张梦琪、王琪，译.上海：上海交通大学出版社，2020.

4. 关于新的民办顶级工学院

为什么需要新的工学院？

大学具有很大的惰性，特别是那些社会声誉很好的学校更是如此。在很多情况下，大学重大的变革需要一定的外力推动。例如，在19世纪后期，美国的大学一直希望借鉴德国模式，成为研究型大学，但很多尝试并不是很成功。1873年，巴尔的摩市银行家约翰斯·霍普金斯去世时留下了一笔巨额遗产，建立了以他名字命名的约翰·霍普金斯大学和约翰·霍普金斯医学院。约翰·霍普金斯大学抛弃美式学院的陈规旧制，是一所从零开始，按照德国洪堡模式建立的私立研究型大学。约翰·霍普金斯大学成功的示范作用，引领了美国研究型大学的兴起。目前，中国大学的工程教育仍然以传统的工程技术教育模式为主，虽然一些顶尖的工学院正在向工程科学教育转型，但传统教育观念的束缚仍然十分严重。另外，工程科学与卓越引领型教育模式在人才培养理念、培养方式上也有很大差异，教学和学习方式也完全不同。因此，在现有顶尖工学院的基础上，向卓越引领型教育转变也是比较困难的。中国作为一个大国，我们需要各类工程人才，既需要传统的工程技术人才，也需要工程科学人才，当然更需要卓越引领型人才。因此，组建新型工学院，以新理念集聚有志于工程教育改革的优秀学者，在中国探索卓越引领型人才培养模式，既很有意义，也很有必要。

为什么需要民办工学院？

从理论上讲，如果政府能够提供丰富的办学资源，是可以适当增建公办新型工学院的。但在实际操作层面，会遇到很多困难。作为一个教学改革的试验项目，办学规模不能太大，因为要经历一个试错过程，可能随时需要纠错。而对于公办学校，政府在办学规模、生均资源、学费收取等方面有很多难以逾越的限制与规定。因而，笔者认为，如果能够充分利用社会资源，国家再给予更加开放的政策支持，以公助民办的方式，会更有利于工程教育改革探索的成功。

民办教育可以打开边界，充分利用社会丰富的资源。今天，企业已经成为技术创新主体，大学已失去对知识的垄断地位。换句话说，社会和企业中蕴藏了丰富的资源，未来的新型工学院一定要充分利用社会资源。事实上，社会资源包含丰富的人力资源、财力资源、设施资源、文献资源和组织资源，这些资源都能与学校教育协同互补。例如，通过社会力量筹措的资金是办学资金的一个重要来源，而蕴含在社会与企业中的工程设施、专业工程人士及知识文献等都能为高校的工程人才培养提供助力。笔者认为，未来的工学院和工程教育一定要打开边界——打开学科边界、打开学习边界、打开学校边界。在打开学科边界中，通过跨学科的培养，鼓励学生思考跨越其工程学科的边界，使工程学科与多学科交叉融合，促使学生学习新的知识，产生新的想法，进行新的实践。在打开学习边界中，利用丰富的社会及技术资源让学生能无时空限制地自主学习，激发其主动学习意愿。在打开学校边界中，要建设"无围墙学校"，重构学校教育生态体系，让学校与"线上学校""企业学校"及其他高校充分结合、相互补充。另外，还要打开教师的边界。在人才培养中，民办教育能充分吸纳一些长期在企业工作的教师，也能引入具有丰富经验的企业工程技术人才进行教学。

二、项目的缘起

随着信息技术的快速发展和知识的充分普及，新技术、新业态像潮水般向我们涌来，我们正经历一场新的产业变革。这是一个创新的时代，是一个需要激发青年人创造潜力的时代。在世界经济大变局的背景下，中国也必须进行产业结构升级和经济增长方式转变。与传统产业不同，高技术产业是靠创新驱动的，这对中国大学提出了更高的要求。传统的、以知识传授为主的大学教育已不能适应时代的要求，必须要做出相应的改变。我们必须改变教育方式，培养更具创造性的各类人才；我们必须创造新的知识和技术，为经济发展提供新的动力；我们必须打开校门，与企业和产业融合共生，充分利用高新技术企业创造活力，使学生在实践中得到历练成长；我们也必须培育学生的人文情怀，使他们为人类文明的进步和发展做出更大贡献。

2019年的《财富》世界500强榜单对中国来说意义重大，因为这是历史上首次中国企业上榜数量（129家）超过美国（121家）。榜单公布后，2019年7月《财富》杂志专门撰写题目为《这是中国的世界》的文章，并认为：如果说20世纪是"美国世纪"，那么21世纪至少在商业领域，越来越有"中国世纪"的味道了。但是我们在感受其特殊意义的同时，也看到了中美企业之间的真实差距——大而不强。其具体表现在盈利能力低，产业分布差异巨大，创新能力有限。比如，在世界500强上榜企业数量超越美国的同时，仅有一家信息企业——华为，能够进入世界研发投入TOP 20。

同样在这篇文章里，《财富》杂志评论道：中美之间的商业竞争不仅仅是"比喻意义上"，而会牵扯到国家安全等"生或死的情况"。文章援引了美国前财政部部长亨利·保尔森的一句话："这场竞争就是在看谁的经济可以引领技术的未来，并对此设立标准。"如果说在人类过去的历史发展中"知识就是力量"，那么在人类未来的发展中，"知识就是权力""知识就是命运"。

从全球范围看，经济发展与产业发展都和人才培养直接相关，而人才最核心的载体就是大学，尤其是工科大学，因此，美国格外注重工科大学的建设和发展。例如，美国刚结束南北战争后，希望把南方的人力聚集起来发展工业，1885年创立的佐治亚理工学院支撑了国家的需求。为了配合加州整体创新与经济发展，加州理工学院应运而生，并成长为多个领域的世界级科学中心。美国著名的

"硅谷"得以诞生并发挥巨大的影响,正是因为在其区域内拥有以斯坦福大学为首的8所大学、9所社区大学和33所技工学校,斯坦福大学以创新工程教育及孵化创新创业人才而著称。今天的波士顿大区,因为拥有哈佛大学、麻省理工学院而成为全球未来产业技术引领之地。与这些理工大学发展相匹配的是,美国在全球范围内成功地引领了多个技术领先领域与产业创新领域。

一位美国科学家曾经指出,1960年,中国的25万科学家和工程师中,有90%是在新中国成立后培养出来的;这一时期,中国工科毕业生数量大约是美国工科毕业生的75%,正是这些人才帮助新中国在成立初期展开了国家工业基础建设。

但是,正如习近平总书记所指出的那样:"当前,我国高等教育办学规模和年毕业人数已居世界首位,但规模扩张并不意味着质量和效益增长。"[①]今天,中国工程教育规模已经是世界第一。据统计,2016年,中国有17 037个专业点的538万名本科在校工科学生,约是高等教育在校学生总数的1/3,而在同一时期,美国工科毕业生占在校学生总数的5%左右,欧洲是12%左右。但是,《世界竞争力年鉴》却显示,中国工程师的合格程度处于世界末端。[②]因此,一面是工科毕业生规模巨大,但另外一面却是人才质量的巨大缺口。有资料显示,2020年,新一代信息技术产业、新材料、电力装备、高档数控机床和机器人技术及相关专业将成为人才缺口专业。其中新一代信息技术产业人才缺口有750万人,2025年会达到950万人[③]。目前,大数据、物联网、人工智能、网络安全等新经济领域人才供给

---

① 全文来了!习近平在北京大学师生座谈会上的讲话[EB/OL].《人民日报》,2018-05-03.https://baijiahao.baidu.com/s?id=15994055622747734460&wfr=spider&for=pc."
② 崔庆玲,刘善球.中国新工科建设与发展研究综述[J].世界教育信息,2018,31(04):19-26.
③ 参见《制造业人才发展规划指南》(教职成〔2016〕9号)。

严重不足，暴露了中国工程教育与新兴产业和新经济发展存在脱节。同时，我们还必须了解到，没有工程师，一个国家和地区很难在技术创业上具备竞争力，如果我们培养不出真正的工程师和技术创新人才，就不可能在全球范围内获得发展的机会。

我们总结改革开放40年来的人才培养经验，有三个特征值得关注：第一，我们自己培养了大量的基础人才，提升了整体的国民素质，为40年的经济快速发展奠定了基础；第二，我们借助国家公派海外留学培养了高端人才，高端人才的回归为中国经济与技术的跨越式发展奠定了基础；第三，外资企业在培养产业高端人才上做出了独特的贡献。例如微软在中国培养了AI人才，通用汽车和大众汽车等培养了大量的汽车行业人才，加州理工学院在中国联合合作的项目有180多项，这些项目培养了很多具有领先技术的人才。

今天，我们都很清楚，中美之间的贸易冲突，本质上是源于技术与技术创新、未来新兴产业世界话语权及世界范围内共生机会的竞争问题。我们需要为"美国全面脱钩中国"的可能性做好准备。一位美国上将在与我们的交流中曾明确表示：国家安全的核心是教育，教育必须卡住。虽然这只是个人观点，但是我们也认同，国家安全的核心是教育，其根本就是人才培养。

根据教育部2016年发布的中国高等教育系列质量报告之《中国工程教育质量报告》（以下简称《报告》）显示，2014年，我国工程教育在校生规模占全国普通高校本、专科在校生总数的38.2%，本、专科工科专业布点数分别达到15 718个和23 875个，规模位居世界第一。但我们大多数工科教育重点仍然在传统领域，而在信息技术、大数据、物联网、人工智能、网络安全、新材料、机器人等新兴领域的人才缺口是很大的。《报告》对12位不同专业领域的工程院院士进行了深度访谈，并结合教育与经济统计数据分析发现，工程教育质量对工业发展创新引领不足。而且，我们的工程教育仍然停留在书本知识传授上，与实践脱节，与新兴产业和新经济发展脱节。中国工程师创新能力不足，这也是我们国家整体竞争力不足的原因之一。

今天，中国已经成为世界第二大经济体，我们的一些高新技术企业已经进入了全球的市场竞争。最近几年来，这些企业在全球招揽人才，与国外大学合作，在全球建立研究机构，目的就是借他山之石，为企业发展提供强有力的人才和学术支撑。但近年发生的中美贸易冲突和知识产权纠纷，将会使我们的人才和技术引进更加困难。因此，中国高等教育必须要做出改变，我们需要一批自己的人才培育和储备中心，以此来实现对新经济发展的支撑功能。

卓越引领型的工程技术人才，不仅要有扎实的专业知识，还要有宽广的视野、良好的素养和坚定的信念。这些素养很多是从小培养并逐步形成的，但大学本科教育显然是人才成长的最关键阶段。以往的工程教育，以培养特定岗位技术人员为目的，注重专业知识传授，忽视人的差异性和成长规律。而且，中国大学的工科专业划分很细，院系壁垒很深，学生的思维常常被局限在很窄的领域中。这种培养方式只会让学生被动地接受现有的知识框架，缺乏审视、质疑、批判、创造等方面的训练。这是一种扼杀学生好奇心、独立精神和探索激情的教育模式。我们看到过太多天资很高的学生，满怀激情地来到学校，但在这种教育模式下，很快就消沉了下去，失去了思考、探究和创造的兴趣和动力。

卓越引领型工程技术人才的培养，不仅是中国大学面对的挑战，也是世界高等教育面临的共同课题。今天的学生将要面对一个完全不同的世界。知识爆炸、数字经济、中国崛起以及世界格局的巨大变化，在这样一个百年未遇的大变局中，终身学习、跨学科思维以及探索与创新的能力至关重要。大学也正面对一个完全不同的社会环境。信息技术改变了知识传播方式，大学已失去对知识传播与创新的垄断地位；企业成为技术创新主体，从知识发现到实际应用的周期大大缩短；知识经济快速发展，大学被置于区域和社会发展的中心，等等。未来的工程教育，不能也不应当再躲在"象牙塔"内，只有打开学科的边界、学习的边界和学校的边界，才能充分利用大学、企业和社会资源；为学生提供更好的学习和成长体验，激发他们的内在潜力，点燃他们的创造激情。

为应对未来变化，世界各国的大学都在探索面向未来的工程教育模式，特别是像麻省理工学院、斯坦福大学、加州理工学院、佐治亚理工学院、哈维穆德学院等一批优秀的美国工科学校，都在进行本科教育改革。他们加强工科学生的人文和社会科学素养，很多学校要求必修的人文社科课程已超过总课程量的 1/4；另外，他们加强探索性实践，将项目设计与实践纳入培养方案。然而，教育领域的传统观念是根深蒂固的，大学培养模式的根本性转变需要一个相当长的过程。为打破传统观念束缚，探索未来教育模式，美国出现了一些新的学校。例如，欧林工学院是新建立的一所小型私立学校，他们将工程项目设计与研究贯穿学生培养的全过程，通过让学生直接参与工程项目实践，激发学生的内在创造动力。再如，米努瓦学院是一所没有校园的新学校，学生在全球几个重要城市上课与实践，始终浸润在多元文化的国际环境中探索、学习和成长。

中国的大学也一直在积极推进教育改革，北京大学的多样化培养方案、清华大学的姚期智实验班、南京大学的"三三制"改革方案等，都从不同侧面探索创新型人才培养的路径。但总体情况并不乐观，很多学校没有把学生的培养放在最核心的地位，主要精力依然放在应对排名和评估等事情上；我们的教育仍然停留在专业知识传授上，而在教育观念、培养方案、体制机制等关键问题上，并没有根本性改变。

第二次世界大战后，1944 年，美国实施了《退伍军人权力法案》（Servicemen's Readjustment Act of 1944，或 G. I. Bill of Rights），该

法案旨在资助退伍军人接受大学教育，这被认为是在第二次世界大战后美国成为世界强国的最重要起点。我们则认为，一大批新型中国大学的崛起，将是未来中国在世界经济发展与社会发展中贡献独特价值的最重要起点。我们决定以提升中国未来经济发展总体智力资本为目标，以培养未来产业技术领袖级人才为己任。因此，我们在中国工程院的大力支持下，承担了"世界卓越工学院建设的战略研究"项目，以期获得相关思考与判断。本书即是在研究项目报告上整理完成的成果。

（一）研究背景与目标

在新一轮产业革命下，我国高等教育面临巨大挑战，也拥抱着重大发展契机。挑战在于，环境中的 VUCA[①] 特征愈发明显，教育领域的方方面面都在加速变革。特别是数字技术的发展重构了教育方式，"老师如何教"与"学生如何学"都出现了深刻变化。新加坡国立大学副教务长梁慧思教授在北京大学举办的"2020 未来教育论坛"中提到，现在的时代使知识包括所学技能知识相关性的半衰期已大大缩短。她担忧地提到，"工程专业的学生在 20 世纪 30 年代的时候半衰期是 35 年，到 20 世纪 60 年代就变成了 10 年，我觉得到现在可能半衰期已经远远达不到 10 年了，有一些专业半衰期甚至缩短到 18 个月，还没等到学生毕业，我们的技术已经不适用了"。因而在未来，教育的关键更在于如何培养学生，使他们在未来能够保持竞争力，并拥有终身学习的习惯。契机在于，每一所高校都开始充分审视自己的教育理念、使命及实践，并享有数字技术带来的教育协同机会，如新冠疫情影响下，在线教育的发展为塑造学生价值

---

① 注：VUCA 一词源自 20 世纪 90 年代的美国军方，主要用来描述环境特征，一般指 volatility（易变性），uncertainty（不确定性），complexity（复杂性），ambiguity（模糊性）。现在这四个特征被普遍认为是"新常态"。

提供了跨越时空的更便捷、更个性的自由式教育。可以说，中国的大规模在线教育实践给予了我们重新审视教育理念、教学方式及教育协同的新机会。

改革开放以来，中国工程教育经历了"恢复调整""调整发展""规模扩张"与"质量提升"四个阶段，国家的投入与学生的努力使得中国工程教育规模跃居世界首位，而且质量也在不断提升[①]。根据QS世界排名2023年1 000强的结果，有71所中国大陆高校上榜，其中包含很多工程教育强的大学，如排名最高的北京大学（12）、清华大学（14）、中国科学技术大学（94）、哈尔滨工业大学（217）、南方科技大学（226）及北京理工大学（355）等[②]。2018年11月，教育部高等教育司司长吴岩在"一带一路"背景下的工程科技人才培养暨第十三届科教发展战略国际研讨会上指出，中国工程教育模式有五个特点：其一，生源优秀（吸引很多优秀学生）；其二，工科毕业生占中国高等教育的最大体量，也是全世界的最大体量；其三，中国工程教育与国家经济社会发展同频共振、高度耦合；其四，中国工程教育注重理工结合；其五，在全世界率先探索建设新工科。[③]

然而，《自然与人类行为》子刊2021年发表的工程教育四国比较报告发出警示，中国学生经过大学学习后，数学和物理成绩不但没有进步反而出现了退步，而且批判性思维能力也出现一定程度的下降。《全球一流工程教育发展现状》也指出，"现任引领机构（the current leaders in engineering education）"与"未来引领机构

---

① 林健，郑丽娜.从大国迈向强国：改革开放40年中国工程教育[J].清华大学教育研究，2018，39（02）：1-17.
② 来源：https://www.qschina.cn/university-rankings/world-university-rankings/2023。所选学校并未严格按照顺序排名，南方科技大学在2020年甚至未进入全球1 000强。
③ 吴岩.新工科：高等工程教育的未来——对高等教育未来的战略思考[J].高等工程教育研究，2018（06）：1-3.

（emerging leaders in engineering education）"在工程教育理念与关注点、大规模地以学生为中心进行高质量工程教育、大学间协同与跨学科学习及教师教学制度等四方面存在巨大挑战。① 这些从侧面反映了中国工程教育也需要重塑与系统性改革，而在国家层面，为了更好地承接《中国制造2025》与实现"国内大循环为主体、国内国际双循环"等国家战略要求，培养引领未来技术、促进产业发展的人才是对中国工程教育的新要求和新挑战。而且，数字时代已加速到来，新技术、新模式、新结构、新体系等也成为高等教育必须关注的核心特征，这使得重新认知和理解顶级工学院的战略运行成为一件非常必要的事情。对世界卓越工学院进行研究，建设顶级工学院和培养高质量工科人才，既是对国家社会战略的响应，也是提升国民科学素质与能力的需要。

高等教育的一个重要使命就是人才培养，高等工程教育对培养引领科学技术及产业革命的人才具有重要意义。《中国工程教育质量报告（2013年度）》指出，在现阶段，我国工程教育基本支撑了工业化进程，本科毕业生达到了国际实质等效的质量标准要求②。但同时，我国工程本科教育在人才培养理念与模式、校企合作办学、学习性投入等方面与西方大学存在差距。在本科工程教育中，支撑产业升级的人才储备尤其是高层次、创新型工程技术人才明显不足。教育部在2017年积极推进了新工科建设，虽然一些高校在本科工程人才培养上进行了探索，并取得了一定成效，但总体看，我国工程院校与世界卓越工学院在创新人才培养、制度规范、科教融合与产教融合及国际合作等方面仍存在较大差距。探寻创新型本科人才培养模式也是建设世界卓越工学院中一个必要的课题。

---

① Graham R. The global state of the art in engineering education[R]. Cambridge: Massachusetts Institute of Technology, 2018.
② 教育部高等教育教学评估中心. 中国工程教育质量报告（2013年度）. MT机械工程导报，2015，(1)：45-49.

另外，从教育供给的视角看，我国高等教育资源特别是优质资源相对来说是不充分的，需要高水平的民办教育来支撑国家对于人才培养与科学研究的战略需求。民办（或私立）大学可以从多维度支撑国家建立高水平研究创新体系。例如，在美国，私立大学对研究型大学体系的贡献很大，在266所研究型大学中就有81所是私立研究型大学，包括哈佛大学、斯坦福大学、麻省理工学院、加州理工学院等顶级名校。这些私立研究型大学在增加优质高等教育资源的同时，还大大增强了整个研究型大学体系的协同竞争性和多元性，增加了与实践互动的层次，这对整个高等教育体系的发展至关重要。我国经过快速的经济发展与积淀，社会力量已然具备发展民办大学的潜力。现在的民办高校数量和在校大学生人数都占有相当大的比例，且在国家层面上，于2016年修改了《民办教育促进法》，为民办大学的积极发展奠定了制度基础。鉴于我国民办大学尚未形成国家一流、世界级的影响力量，而且在资金来源、教学质量、培养方式及共生融合等方面还存在很大差距，在新的时代，民办大学需要考虑建设有特色的、高效率的民办大学协同路径。

因而，本书将致力于通过三个篇章解决三个方面的问题。第一章是探索顶级工学院的未来图景及其创新运行与管理机制的核心特征，主要是通过大规模的调研、访谈及对世界12所顶级工学院或大学深入分析、归纳，总结出可供借鉴的创新型世界卓越工学院的运行和管理机制。第二章是挖掘创新型工程人才的本科培养模式，通过对工程本科人才现状进行剖析，展示本科教育改革中的重要方向，并基于重点案例分析，构建创新型本科人才培养模式来支撑国家战略发展与产业及社会需求。第三章是探索新一轮产业革命下中国特色民办大学的协同建设路径，希望借助访谈调研及分析国内外优秀民办（私立）大学案例，探索突破大学边界、建立拥有先进教育资源的工科顶级教学研究平台范式，为国家打造世界领先的民办新大学。通过对这三个主题研究的分解与探讨，本书期望回答世界卓越工学院运行建设的诸多战略问题，并为相关部门或高校提供可参考借鉴的思路与方法。

（二）研究设计思路与总体发现

为了更好地让理论与实践相关联，我们以高校实践为抓手、以理论为指引来挖掘提炼顶级工学院建设的战略着力点。本项目组通过现场考察、资料分析及案例研究进行了全方位、多层次的调研，对每一部分进行了详细分析，以期获得有实际价值的规律和认识。下面我们将各子研究的方法路径、研究发现做一个简要的整体介绍（见表0-1），基于理论指引，并通过深入调研、多次研讨，我们发现了一些世界一流大学关于顶级工科建设的共识、规律和实践。

表0-1 世界卓越工学院建设的战略研究思路与总体发现

	研究方法	主要研究问题	总体研究发现
第一章：世界卓越工学院运行和管理机制的创新型研究	问卷调研+案例分析+资料扎根编码分析	未来世界卓越工学院的核心特征有哪些？创新实践有哪些？	重点培养"工程科学人才"及"引领型工程师"；负责任的使命、愿景和理念；"跨边界"是培养两类顶级人才的核心特征；特色制度与文化的支撑。
第二章：工程人才的创新型本科培养模式研究	问卷调研+二手数据+案例分析	工科人才到底需要培养什么样的人？如何通过内外系统设计提升人才的创造力？	激发创新的教育理念的打造；数字化时代下创新人才的关键能力培养；教育教学制度的重塑；课程体系重构；关注科教融合、产教融合及国际化协同。
第三章：新一轮产业革命下具有中国特色的民办大学协同建设路径	问卷调研+案例分析	民办大学的协同困境在哪里？如何打破边界构建新型顶级民办大学？	构建"多元共治"体系；构建跨学科教育体系，融入中国特色元素；注重科学研究引领。

第一章　世界卓越工学院运行和管理机制的创新型研究

顶级工学院的构建首先要尊重工程教育的特点和规律。在这一章，我们参考了世界顶级大学的评价标准体系，而且为了全面分析顶级工学院的实践重点和有价值的创新模式，我们采用了问卷调研、案例分析及资料扎根编码相结合的研究方法（具体参见第一章的方法部分）。在问卷调研中，我们选择了高校老师与企业管理者作为调研样本；在案例分析中，选择了12所顶级大学作为标杆分析[①]；在资料扎根编码分析中，我们选择"2020未来教育论坛"各演讲嘉宾的演讲资料及对国内三个典型机构（包括重庆大学、西交利物浦大学与江苏产业技术研究院）的实际调研与访谈资料作为分析对象。

经过具体的分析后，我们发现构建顶级工学院的几个核心特点如下（具体参见第一章）：

（1）构建未来顶级工学院的核心在于培养"工程科学人才"及"引领型工程师"。

（2）顶级大学都有负责任的使命、愿景及理念。顶级工程教育本质包含"潜能激发""全面发展"与"社会责任"。

（3）这两类人才培养具有跨边界特征，不仅体现在学科、专业和课程的跨边界上，还体现在与全球范围内高校、企业及中介机构的跨边界合作上。

（4）特色制度与文化的支撑。顶级工学院有自己的特色制度与文化，这是其高效率运行的重要保障。中国也需要根据自身优秀传统文化特点来建设世界卓越工学院。

---

① 遵循麻省理工学院关于"全球一流工程教育发展现状"的研究报告，既有"现任引领机构"，又有"未来引领机构"；既有亚洲大学，又有欧洲大学，还有美国大学。样本尽量保证全面性和多元性，降低样本选择造成的方法误差。参考：Graham R. The global state of the art in engineering education [R]. Massachusetts Institute of Technology (MIT) Report, Massachusetts. USA, 2018. http://res2.weblium.site/res/5e5837aee8e618002/564660/5edeabcd44 e8300022bf5a9f.

第二章 工程人才的创新型本科培养模式研究

在工程人才的创新型本科培养模式研究中，项目组应用了2014年高等理科教育改革课题组数据，并通过一手问卷调研与案例分析，综合分析了中国工程人才培养面临的困难和挑战，阐述了创新型本科培养模式的最佳实践。在案例分析中，我们从美国和欧洲各选择了3所顶级大学探讨相关创新型本科工程人才教育实践，也分享了国内顶级大学的优秀实践。

本报告发现，在工程人才培养中，我国高校的人才培养目标定位、协同育人模式、学生培养方案与课程体系设计、制度体系等方面还存在较大的可完善空间。而在创新人才培养中，有几个关键点值得关注，具体如下（具体参见第二章）：

（1）激发创新的教育理念的打造。重点加强"能力第一，知识第二""持续质量改进""科学与人文融合""跨学科教育"及"兼顾通识教育与专业教育"等理念在本科教育理念中的价值。

（2）挖掘培养创新人才所需的核心能力。创新人才需要的关键能力包括问题发现、分析和解决的快速行动能力，创造能力及跨领域、学科合作协同能力等。而且，信息技术处理能力成为数字化时代学生需要关注的重要能力。

（3）教育教学制度要适应时代要求，并以创新人才培养为变革方向。重塑人才培养的"管、办、评"机制，发挥导师制在创新人才培养中的地位。

（4）课程体系需重构以帮助学生构建知识融合方式。

（5）在创新人才培养中，要特别关注国际化协同、产教融合与科教融合等方面。

第三章 新一轮产业革命下具有中国特色的民办大学协同建设路径

在新一轮产业革命的背景下，我们探讨了中国民办大学协同基本现状。总体看来,民办大学在大学间协同、科研协同和产业协同等方面存在较大提升空间。当然,国内一些民办大学也积累了优秀的管理实践经验,这对构建中国特色的新型民办大学的协同体系具有较大参考价值。[①] 为此,我们选择国内 3 所(黄河科技学院、西京学院与西湖大学)和国际 2 所(麻省理工学院和加州理工学院)大学进行案例分析,以期打破大学间、大学与产业间的固有壁垒,为构建中国特色的新型民办大学协同体系提供参考。通过相关分析总结,我们认为构建中国新型民办大学协同路径的着力点如下(具体参见第三章):

(1)治理逻辑遵循构建"多元共治"的路径,促进"科教融合"与"产教融合"。需在民办大学的领导者、资金、治理结构、教育资源及对外合作等方面予以支持。

(2)学科逻辑是构建跨学科教育体系,设计"通识教育"与"专业教育"并重的中国特色学科体系。可合理增设中国特色人文课程,进行人文教育与专业教育的有机融合,并创建具有中国特色人文精神的教育环境。

(3)民办大学也要注重科学研究引领。重点是开展科研导向的师资队伍与教师评估建设,以跨边界为抓手,打造顶级教学研究平台范式,将实践、研究与教学融合。

---

① 一项知识图谱分析指出,中国院校研究实践的调查分析与案例介绍、中国院校研究的职责范畴、核心功能、理论与方法体系的探索是未来研究的热点。来源:张晓冬,廖襄绮.中国院校研究的主题领域:动态与趋势——基于 CiteSpace 和 VOSviewer 的图谱解析 [J]. 高等工程教育研究,2021(02):128-134.

第一章
世界卓越工学院运行和管理机制的创新型研究

> 一所卓越的大学总是处于不断变革之中。
>
> ——理查德·莱斯特（Richard Lester）

第一节 顶级工学院与工程人才的未来画像

如何认知世界卓越工学院

从外部评价来看，世界一流或世界顶级大学具有一些主流的评价标准，最具影响力和权威性的包括"泰晤士高等教育世界大学排名（Times Higher Education World University Rankings）""QS世界大学排名（QS Work University Rankings）""U.S. News世界大学排名（U.S. News & World Report Best Global Universities Rankings）"和"软科世界大学学术排名（Academic Ranking of World Universities，ARWU）"等，我们将评价体系整理如表1-1所示。"泰晤士高等教育世界大学排名"是由英国泰晤士高等教育（Times Higher Education，THE）发布的世界大学排名，又称为THE世界大学排名，其评价体系包括5个方面13项指标。"QS世界大学排名"是由英国一家国际教育市场咨询公司Quacquarelli Symonds（QS）发布的年度世界大学排名。

表 1-1 四种对大学的评价体系

评价体系	指标体系	比重	所属范畴	评价体系	指标体系	比重	所属范畴
QS 世界大学排名[①]	学术领域的同行评价	40%	科学研究	软科世界大学学术排名[②]	获诺贝尔奖和菲尔兹奖的校友折合数	10%	科学研究
	全球雇主评价	10%	实践融合		获诺贝尔奖和菲尔兹奖的教师折合数	20%	科学研究
	单位教职的论文引用数	20%	科学研究		各学科领域被引用次数最高的学者数	20%	科学研究
	教师/学生比例	20%	学科与教学		在《自然》(Nature)和《科学》(Science)上发表论文的折合数	20%	科学研究
	国际学生比例	5%	国际化		被科学引文索引(SCIE)和社会科学引文索引(SSCI)收录的论文数	20%	科学研究
	国际教师比例	5%	国际化		上述五项指标得分的加权均值	10%	科学研究

---

① 参考：QS 世界大学排名 TOP50 高校指标明细发布．https://www.cingta.com/detail/17500。
② 参考：软科世界大学学术排名 2020-排名方法．https://www.shanghairanking.cn/methodology/arwu/2020。

续表

评价体系	指标体系	比重	所属范畴	评价体系	指标体系	比重	所属范畴
泰晤士高等教育世界大学排名[①]	教学声誉	15%	学科与教学	U.S. News 世界大学排名[②]	全球学术声誉	12.5%	科学研究
	师生比	4.5%	学科与教学		地区学术声誉	12.5%	科学研究
	博士-学士学位授予比例	2.25%	学科与教学		论文发表	10%	科学研究
	学科门类	6%	学科与教学		图书	2.5%	科学研究
	师均学校收入	2.25%	学科与教学		标准化论文引用影响指数	10%	科学研究
	学术声誉	18%	科学研究		会议	2.5%	科学研究
	研究经费	6%	科学研究		论文引用数	7.5%	科学研究
	师均论文发表数	6%	科学研究		"被引用最多前10%出版物"中被引用次数	12.5%	科学研究
	论文引用量（研究影响力）	30%	科学研究		出版物占"被引用最多前10%出版物"的比率	10%	科学研究
	国际教师比例	2.5%	国际化		国际协作	5%	国际化
	国际学生比例	2.5%	国际化		具有国际合作的出版物总数的百分比	5%	国际化
	国际合作研究比重	2.5%	国际化		代表领域在"所有出版物被引用最多前1%论文"中被引用论文数	5%	科学研究
	大学吸引产业资金投入	2.5%	实践融合		出版物占"所有出版物中被引用最多前1%论文"比率	5%	科学研究

① 参考：World University Rankings 2015—2016 methodology. https://www.timeshighereducation.com/news/ranking-methodology-2016.
② 参考：How U.S. News Calculated the Best Global Universities Rankings. https://www.usnews.com/education/best-global-universities/articles/methodology.

它与泰晤士高等教育合作，共同推出"THE-QS 世界大学排名"①。"QS 世界大学排名"运用 6 个方面的指数衡量世界大学。

"U.S. News 世界大学排名"和"软科世界大学学术排名"都偏向于以学术与科学研究为主的评价体系。U.S. News 世界大学排名由美国杂志《美国新闻与世界报道》（*U.S. News & World Report*）发布，其评价体系包括 13 项指标。软科世界大学学术排名是由上海交通大学高等教育研究院（前身为高等教育研究所）世界一流大学研究中心发布的首个综合性的全球大学排名，包括 6 项指标。

虽然不同评价体系的关注点有所不同，但大体上有一个共识，即世界顶级大学须以学术研究为核心并具有杰出的绩效表现。而且，这些评价体系也会在某些指标及权重上进行动态调整。根据最新发布的四个评价体系，我们发现，要成为 21 世纪的世界顶级大学，需要在科学研究、学科与教学（包括学科影响力、师资力量、人才培养等）、国际化、实践融合等方面做到均衡兼顾。而世界卓越工学院应该在工学学科有一批大师级人才与领军教师，且能够批量培养出具备创造世界一流的原创基础理论潜力的人才。它更关注创新能力的培养，"创新力"要优于"学习力"。

顶级工学院特征和工程人才培养的未来探索

为什么我们需要顶级工学院和顶级工程人才？这是由国际形势变化、经济发展及工程教育发展的趋势决定的。其一，中美贸易战对中国的影响本质上源于我们技术与技术创新的相对落后。顶级工程教育有助于解决国家的"卡脖子"问题。其二，技术使得产业不

---

① https://support.qs.com/hc/en-gb/articles/4405955370898-QS-World-University-Rankings-"。该排名于 2004 年推出，但自 2010 年起，QS 和 THE 终止合作，两者开始独立发布自己的世界大学排名。在最新的 2024 年报告中，该排名增加了三个指标，分别是国际研究网络（International Research Network，5%）、就业成果（Employment Outcomes，5%）、可持续性（Sustainability，5%）；原来的指标中，学术声誉、教师/学生比例、全球雇主评价分别降为 30%、10% 及 15%，其他三个指标及比例不变。

断升级、调整，涌现出各种新业态、新模式。各新兴领域对人才的需求不断扩大，而现有工科大学或学院难以培养出高质量人才。其三，从工程教育发展来看，现有的教育系统不能激发学生的主动性，这对培养领军人才、大国工匠极其不利。

那么，顶级工学院或工程人才的核心特征和未来画像应该是什么？21 世纪以来，世界各国相继推出一系列教育改革纲领性文件，如美国《2020 工程愿景报告》(*The Engineer of 2020: Visions of Engineering in the New Century*)、《创业美国计划》(*Startup America*) 及欧盟的《欧洲 2020 战略》(*Europe 2020 strategy*) 等。这些政策性文件都展现出一些共同点：关注全球科技重大前沿问题及其相关社会背景，强调跨学科集成与协同创新，强调创新人才培养与产学研的一体化。同样，2020 年 9 月 15 日，经济合作与发展组织（OECD）发布了《回到教育的未来：经合组织关于学校教育的四种图景》的报告指出，未来教育有四种图景，包括学校教育扩展（Schooling extended）、教育外包（Education outsourced）、学校作为学习中心（Schools as learning hubs）及无边界学习（Learn-as-you-go）等[1]。这些信息都为未来顶级工学院创新管理运行描绘了图景。

同样，在我们的调研中[2]，针对"未来人才培养最需关注的地方"这一问题，"不同类型人才学科体系的设计，跨学科、个性化的培养方案""关注国家战略与国际化合作，培养高质量国际化人才""学校、企业与科研机构等多元协同教学与治理生态"及"关注人的全面发展，专业教育与通识教育（包括伦理、道德等）并行"成为未来顶级工学院人才培养及学院治理中最需要关注的方向（见图 1-1）。

我们需要关注未来顶级工学院的几个核心特征或模式。第一，

---

[1] 可参见：Fuster M, & Burns T. Back to the Future of Education: Four OECD Scenarios forSchooling.2020, OECD Publishing, Paris. https://www.oecd-ilibrary.org/education/back-to-the-future-s-of-education_178ef527-en.

[2] 具体的调研方法、材料和过程参见本章第二节及附录。

顶级工学院的理念应该是"顶级工学院对于人才的培养不在于让学生知道什么，而在于让学生创造性地思维和行动"，这应该成为其运行和创新管理机制的基础。

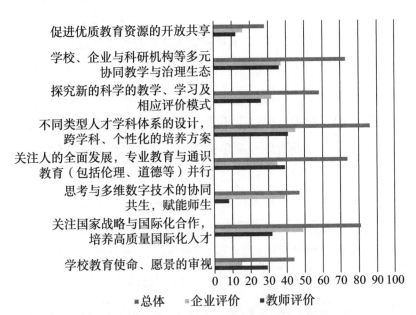

图 1-1　未来顶级工学院人才培养及学院治理中最需要关注的地方
注：企业评价与教师评价表明分别由企业人员和大学教师进行问卷填答。

第二，顶级工学院未来需要培养多种顶级人才，因而也需要科学的、个性化的人才培养模式。特别需要培养两类顶级人才，其一是工程科学人才，重基础、重科学发现与创新技术。一般来说，研究分为基础研究和应用研究，而工程科学属于应用基础研究，介于两者之间，工程科学人才需要基于工程技术提炼兼有学术价值和应用价值的科学问题[1]。钱学森先生认为工程科学是"将基础科学中的真理，转化为人类福利的实际方法的技能"[2]。钱老提出，工程研究者或工程科学家是架起纯科学与工程之间桥梁的一批人，他们有能力

---

[1] 童秉纲，李秀波，赵硕.工程科学研究人才培养之道——童秉纲院士访谈[J].工程研究——跨学科视野中的工程，2016，8（01）：5-11.
[2] 林建华.校长观点：大学的改革与未来[M].上海：东方出版中心，2018.

将基础科学知识应用于工程问题。工程科学人才的意义在于能帮助推进学科前沿或解决重大工程实践问题，它本质上是处理理论基础研究。中国科学院院士童秉纲认为，工程科学研究人才"不仅要具有从实践—理论—实践的思维和视野的学者素养，还要具有作为一个社会人的素质"①。因而，工程科学人才不仅是专业领域的领军人物，更要是一个社会人。在美国，很多高校如佐治亚理工学院、加州理工学院等以培养出对社会有贡献的杰出工程人才为目标，它们事实上就在培养顶级工程科学人才，并要求毕业的工程人才拥有充分的人文素质、专业素质与跨学科教育背景，能解决社会问题。我们要构建顶级工学院，就需要建立能培养出工程科学人才和工程科学家的机制，这也是科技强国建设的重要抓手。其二是引领型工程师，更注重思想性与创造性的融合。引领型工程师更关注创业精神等素养，他们不仅是科学专家，也是具有创业精神的"管理者"和"企业家"。这类人才有强烈的自我认知力和自发学习精神，对社会敏感，对人文敏感，能再综合、再创造。这类人才具有问题意识，掌握科学思维方法，他们是兼具工程师、科学家素养和创业精神的人才。这类人才的培养在欧林工学院尤其得到创新发展，欧林工学院以学生为中心构建了"欧林三角"培养模型。在这个模型中，需要通过对学生进行"卓越工程""创业精神"和"艺术、人文和社会科学"教育以全方位激活学生。欧林工学院的人才培养实践效果表明，它的学生能更积极主动地投入学习中而且毕业生们总能在同辈中脱颖而出②。

事实上，我们极其强调，无论是工程科学人才还是引领型工程师，他们解决的工程问题必须贴近实践，相关理论或研究也须对实

---

① 童秉纲，李秀波，赵硕.工程科学研究人才培养之道——童秉纲院士访谈[J].工程研究——跨学科视野中的工程，2016，8（01）：5-11.
② 菲利普·阿特巴赫，莉斯·瑞丝伯格，贾米尔·萨尔米，伊萨克·弗劳明.新兴研究型大学：理念与资源共筑学术卓越[M].张梦琪、王琪，译.上海：上海交通大学出版社，2020.

践有指导意义，因而工程人才培养中须遵循的一个事实是需要培养学生的人文素养，因为工程问题需要与社会、人文等相关联。21世纪的重大工程技术挑战[①]使我们认识到，工程师的培养不仅要涉及深度的技术知识，还要能识别出不同问题之间的关联性并能着手解决这些问题。只有具备了专业科学素质、人文素养才能创造性地做正确的事情。良好的科学素养，发自内心的人文关怀，勤于思考和创新的思维习惯，以及勇于实践、不怕失败、细心谋划的工科思维，这些可能就是我们的"新工科"希望培养出来的人才特质[②]。而就问卷调研的结果来看，42.4%的被调研者认为中国工程人才培养的整体质量比较好，54%的被调研者认为高端人才的培养相对依赖国外。

第三，学科与教学和课程体系要符合培养目标要求。传统培养模式、课程体系、课程内容等无法适应数字时代下的顶级人才培养需要，其更新周期也无法匹配科技发展和新知识产生与应用的速度。工程科学人才和引领型工程师的培养，需要将数字技术融入课程体系设计，保障体系与时俱进且科学合理。通过数字技术建立关联和跨界协同，利用数字技术优化学习效率和路径，建立知识协同的整体架构。课程体系与教学的核心是帮助学生具备成为顶级人才的必备素质与能力。

第四，跨边界特征。在数字化时代，边界逐渐被打破，各主体包括高校、政府、企业、中介机构等更可能产生交互协同[③]。这些主体形成螺旋结构，并对创新或知识产生形成非线性的协同影响。一个符合客观规律的高校治理趋势就是从"单边治理"理念转为"多元共治"理念，在大学治理过程中，不断跨越边界，既要突出学生主

---

① 美国国家工程院提出的14项21世纪重大工程技术挑战包括降低太阳能造价、以核聚变提供能源、开发碳隔离技术、管理氮循环、让全球都可用到洁净水、恢复和改善城市基础设施、推进医疗信息学、研制更好的药物、人脑逆向工程、防止核恐怖行动、确保网络空间安全、增强虚拟现实、推进个性化学习以及发展科学发现工具。
② 林建华.校长观点：大学的改革与未来[M].上海：东方出版中心，2018.
③ 郤海霞，李欣旖，王世斌.四螺旋创新生态：研究型大学引导区域协同创新机制探析——以苏黎世联邦理工学院为例[J].高等工程教育研究，2020（02）：190-196+200.

体地位（因为学生就是规模最大的利益相关者），又要发挥教授的学术引领作用，还要有企业的实践融合指引作用，并在中国特色社会主义情境下找到契合中国特色与文化特点的模式，创造一种广泛授权和参与的环境。一方面，学科、专业要跨界交叉；另一方面，跨高校边界形成人才培养与科学研究的协同共生模式，在全球范围内与不同学校、企业机构连接，主动探索融合共生模式。只有形成跨边界的高校运行机制，才能探寻创新的顶级工学院运行机制，帮助培养出高质量的工程科学人才与引领型工程师，并形成高质量成果。

王兆旭等基于 QS 和 ARWU 排名对比我国工科大学和世界一流大学（见图 1-2 和表 1-2）时发现，我国"985"工科大学在一些维度指标和整体排名上的表现都落后于世界一流大学，他们进一步研究发现，我国工科大学在高质量研究成果（如获诺贝尔和菲尔兹等大奖）方面相对较差，需要补齐短板[①]。从总体看，我国工科大学还需在运行和管理机制方面持续优化。

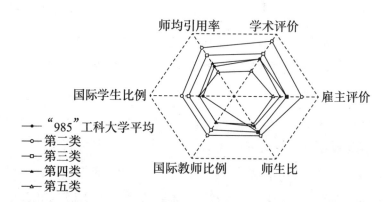

图 1-2　我国"985"工科大学平均水平在 QS 分类中各因素对比情况
资料来源：王兆旭，薛惠锋. 基于 QS 和 ARWU 排名体系的我国工科大学与世界一流大学的差距分析 [J]. 电子科技大学学报（社科版），2017，19（04）：106-112.

针对我国工科教育落后的境况，2017 年 2 月，教育部发布了

---

① 王兆旭，薛惠锋. 基于 QS 和 ARWU 排名体系的我国工科大学与世界一流大学的差距分析 [J]. 电子科技大学学报（社科版），2017，19（04）：106-112.

表1-2 2014年我国"985"工科大学在QS排名与ARWU排名中的分类情况

QS排名中的聚类分析结果以及我国"985"工科大学的分类情况

	第一类	第二类	第三类	第四类	第五类
分数区间	88.5~100	68.9~88.0	57.5~68.4	48.2~56.9	29.7~47.6
全部大学数量	29	76	69	64	263
我国工科大学	—	清华大学	中国科学技术大学	—	同济大学 东北大学

ARWU排名中的聚类分析结果以及我国"985"工科大学的分类情况

	第一类	第二类	第三类	第四类	第五类
分数区间	80~100	67~70	53~60	33~51	9~32
全部大学数量	1	4	6	31	455
我国工科大学	—	—	—	—	—

注：第一类至第五类的分数段由高到低排列，第一类高校实力最强，第二类次之，依此类推。

资料来源：王兆旭，薛惠锋. 基于QS和ARWU排名体系的我国工科大学与世界一流大学的差距分析[J]. 电子科技大学学报（社科版），2017, 19（04）: 106-112.

《教育部高等教育司关于开展新工科研究与实践的通知》，提出未来"新工科"的建设与发展可以归纳为"五个新"，即工程教育的新理念、学科专业的新结构、人才培养的新模式、教育教学的新质量和分类发展的新体系。

第二节　研究目的、过程与方法

本章的主要目的是探究顶级工学院的运行和管理机制实践，特别是在理念、学科与教学、课程体系及跨边界等方面。参考前文的世界顶级大学客观评价标准，为了全面分析顶级工学院的实践重点和有价值的创新模式，我们采用了问卷调研[①]、案例分析及扎根编码相结合的研究方法。我们在问卷调研中设计了探究顶级工学院运行和人才培养的相关问题，并向工科教授及企业基层员工、中高层管理者发放问卷，最后回收了 139 份。最终样本包括 65 名中外高校老师、相关实践领域 11 名企业基层员工及 63 名中高层管理者[②]。为了确保问题的相关性与前沿性，我们进行了多轮讨论和修改。关于案例分析，根据理论抽样的原则和方法[③]，我们选择了 12 所顶级大学，基本是在 QS 和 ARWU 排名前十的工科学校或综合大学，以及专攻工程的创新工学院（如欧林工学院）。同时，我们也探索了国内教育

---

① 问卷调研的中英文版本请参考附录。
② 总共发放 410 份问卷（含 82 份英文问卷），最后回收的样本包括 81.3% 的男性、18.7% 的女性。调研对象在 35 岁以下、35～45 岁、45～55 岁及 55 岁以上所占样本比例分别为 43.2%、30.9%、14.4% 及 11.5%。
③ 可参考：a. 罗伯特·K. 殷（Robert K. Yin）. 案例研究：设计与方法：第 5 版 [M]. 周海涛，史少杰，译. 重庆：重庆大学出版社，2017. b. Graham R. The global state of the art in engineering education[R]. Massachusetts Institute of Technology (MIT) Report, 2018. https://res2.weblium.site/res/5e5837aee8e6180021564660/5edeabcd44e8300022bf5aqf.

领域在运行管理和创新机制上卓有成效的大学（如重庆大学、西交利物浦大学），还访谈了连接高校与企业的科研研究院（如江苏省产业技术研究院）①。在重庆大学，我们深入考察 Co-op 人才培养模式与未来工程教育；在西交利物浦大学，探讨未来教育与其教育实验，并分析如何加快培养兼具高素养和高技能的面向未来的人才；在江苏省产业技术研究院，共同探索未来产业工程师培养、人才协同培育等新模式。我们根据 2020 未来教育论坛暨北京大学未来教育管理研究中心成立大会演讲嘉宾对"大变局下的未来教育与可持续发展"这一主题的相关分享进行了资料整理和编码。根据对这些材料（资料来源见表 1-3）的编码、分析，我们归纳出了顶级工学院运行和管理机制的创新模式和实践特点。

表 1-3　资料来源概览

案例或材料信息	搜集形式	分析方法
2020 未来教育论坛暨北京大学未来教育管理研究中心成立大会演讲嘉宾材料	现场论坛与转录文字稿	扎根编码
工程人才培养调研	问卷调研	数据分析
高等理科数据调研（工科学生）	问卷调研（授权使用）②	数据分析
重庆大学	一手访谈（教授、学生和行政老师）；实践调研	案例分析
西交利物浦大学	一手访谈（教授和学生）；实践调研	案例分析
江苏省产业技术研究院	一手访谈（院长、所长、企业管理者）；实践调研	案例分析

---

① 附录展示了对重庆大学、西交利物浦大学及江苏省产业技术研究院的调研访谈基本信息。
② 相关数据分析贯穿在第一章，在第二章也有相应汇报。

续表

案例或材料信息	搜集形式	分析方法
哈佛大学	文献调研、官网调查等	案例分析
麻省理工学院		
斯坦福大学		
欧林工学院		
帝国理工学院		
加州大学伯克利分校		
剑桥大学		
加州理工学院		
佐治亚理工学院		
苏黎世联邦理工学院		
新加坡国立大学		
中国香港科技大学		

第三节 研究发现

一、教育使命、愿景和理念

工学院本质上受其办学使命、愿景与理念影响。世界卓越工学院需要什么样的办学使命、愿景、理念甚至具体目标？我们分析以上案例材料后发现，大多数顶级工学院都明确提出了宏大、有责任感的教育使命愿景、理念和目标（见表1-4）。例如，麻省理工学院（简称MIT）提出要通过"教育+研究+创新"创造更好的世界。斯坦福大学认为，工程教育并不是为了单纯地解决技术问题，而是为了更好地应对资源合理利用、环境可持续性发展、网络安全等人类问题。它强调学生应带有使命感去学习，并将学校定位为"学习、发现、创新、表达和讨论的地方"。帝国理工学院的使命是"在科学、工程和医学领域提供世界一流的学术、教育和研究，并致力于将科研成果转化应用于产业界、商业界和医学界"。它是英国唯一一所自成立伊始便将科研成果转化应用于相关领域作为自身核心使命的大学[①]，注重将学术研究与实践领域及社会发展相关联。

表1-4 顶级工学院办学愿景、使命和理念

学　校	办学愿景、使命和理念（典型描述及来源）
重庆大学	"培养具有浓郁家国情怀、宽广国际视野、深厚专业基础和突出创新实践能力的研究型工程人才。"（对重庆大学张志清院长的访谈） "探索高等教育新模式，影响中国甚至世界的教育发展；旨在培养符合中国道德标准，具有高度独立工作能力和创造能力的国际型人才（世界公民）。"（西交利物浦大学访谈与图书资料） "强调科学教育、人文教育、工程教育相统一，知识、能力、素质协调发展。"（重庆大学校长张宗益） "面向未来的人才培养目标是培养知识、能力与素养兼备的具有国际视野和竞争力的世界公民。"（西交利物浦大学内部资料）
华南理工大学	"培养能够引领未来的人。"（华南理工大学校长高松）
西安交通大学	"教育最本质的是三大使命，第一个使命是唤醒，第二个是赋能，第三个是传承。"（西安交通大学副校长郑庆华）
北京大学	"抵御浮躁和各种不良风气，坚守真善美，传播高尚的人文精神和情怀，帮助学生唤醒内在潜能，成为具有健全人格、全面发展的人。"（北京大学未来教育管理研究中心主任林建华）
哈佛大学	"培育社会公民和公民们的领导者。"（哈佛学院官网）
麻省理工学院	"通过'教育+研究+创新'，创造更好的世界。"（麻省理工学院官网）

---

① 张鹤. 大学是人类的光环和守护者——专访英国伦敦帝国理工学院院长基思·奥尼恩斯爵士[J]. 世界教育信息，2012，25（15）：3-5+26.

续表

学　　校	办学愿景、使命和理念（典型描述及来源）
斯坦福大学	"工程教育并不是单纯为了解决技术问题，而是为了更好地应对资源合理利用、环境可持续性发展、网络安全等人类问题。""学习、发现、创新、表达和讨论的地方。"（斯坦福大学官网）
欧林工学院	"为美国乃至世界的工程教育发展，持续地做出重大的贡献。""创建工程教育改革的'实验室'。"（对欧林工学院院长米勒的访谈） "未来工程界的领军人物应该具备精湛的工程基础和专业知识、对工程的社会作用的广泛的理解、创造性地提出解决当今世界工程问题的新办法。""教育理念的四大原则是：基于实验，注重实践，保持改变，聆听学生。"（对欧林工学院院长米勒的访谈）
帝国理工学院	"在科学、工程和医学领域提供世界一流的学术、教育和研究，并致力于将科研成果转化应用于产业界、商业界和医学界。"（帝国理工学院文献资料、院长访谈及官网）
加州大学伯克利分校	"为加利福尼亚的辉煌与幸福贡献更多。""促进本科生成功。"（加州大学伯克利分校官网、文献资料）
剑桥大学	"通过追求国际最高水平的卓越教育、学习和研究，为社会做出贡献。"（剑桥大学官网）
加州理工学院	"扩展人类知识，将研究融于教育以服务社会，并培养富有创造力的学科和行业领袖；培养创造型的科学家或工程师，以应教育、管理和工业发展之急需。"（加州理工学院官网）
佐治亚理工学院	"致力于通过领先科技来提高人类福祉的研究型大学；技术领域的全球领导者；为政策制定、计划和商业改进提供数据获取与分析支持；创造未来；创造经济影响力。"（佐治亚理工学院官网）
苏黎世联邦理工学院	"向学生传授最高水平的知识和实践技能，力求使青年人在复杂和迅速变化的世界中找到自己的方向，并促进其对道德和文化价值的理解，以便在他们完成学业后，成为不仅是高素质的专业人士，而且是对社会负责任的人。"及"自由和个人责任、创业精神和开放精神"。（苏黎世联邦理工学院官网）

续表

学　　校	办学愿景、使命和理念（典型描述及来源）
新加坡国立大学	"成为全球大学的引领者，改变未来。"（文献资料） "通过教育、研究和服务，改变人们的思维和行动。"（新加坡国立大学官网）
中国香港科技大学	"宗旨是成为一所以科学、技术、商业和管理为主，辅以人文和社会科学的世界一流研究型大学。"（文献资料） "我们的使命是培养具有批判性思维的多才多艺的人才，能预见和发现问题，并利用他们的跨学科思维和技能，使他们具备解决问题的能力。"（中国香港科技大学官网） "在国际上具有深远影响，而又致力为本地服务的优秀学府。"（中国香港科技大学官网）

资料来源：笔者根据官网、文献资料及访谈等整理。

新加坡国立大学希望通过教育、研究和服务，改变人们的思维和行动，并且致力于成为全球大学引领者，改变未来。中国香港科技大学（简称港科大）的宗旨是成为一所以科学、技术、商业和管理为主，辅以人文和社会科学的世界一流研究型大学。港科大在人才培养上希望学生具有批判性思维，能预见和发现问题，并具备通过系统思维和跨学科思维来解决问题的能力。重庆大学校长张宗益在他发表的"面向未来的工程教育模式探索与实践"主题演讲中指出，"面向未来，我们要强调科学教育、人文教育、工程教育相统一，知识、能力、素质协调发展"。西交利物浦大学也提出，它旨在培养符合中国道德标准、具有高度独立工作能力和创造能力的国际型人才。

通过对这些使命、愿景和理念进行梳理，我们发现顶级工程教育理念应该包含三个关键词，即"潜能激发""全面发展"与"社会责任"。工程教育的核心在于激发人的潜能、发挥其创造力，让其全方位发展，为社会及全世界的发展做出贡献。为了更好地激发潜能，高等教育需要充分尊重学生的个性自由，支持他们自由发展。如苏黎世联邦理工学院在教育中就强调自由，并与个人责任相结合，培养学生的创业精神与开放精神。顶级工学院既需要注意挖掘学生在科学领域探索的创造力潜能、学习潜能，也需要关注真、善、美，这样才能让工程科学发挥"人性之光"的功效，促进全世界协同发展。正如北京大学原校长、未来教育管理研究中心创始主任林建华阐述的，"我们的共同使命是抵御浮躁和各种不良风气，坚守真善美，传播高尚的人文精神和情怀，帮助学生唤醒内在潜能，成为具有健全人格、全面发展的人"。我们的问卷调研表明，将近有32%的被调研者认为需要审视大学的教育使命和愿景。在这32%的样本中，相比较于基层员工，大学教师与中高层管理者更倾向去审视办学使命、愿景和理念。

二、专业学科与课程结构

探究顶级工学院运行机制的一个重要维度就是专业学科与课程结构。专业学科、课程结构决定了大学教育培养什么样的人才，而专业学科也影响了学校的未来发展。以加州大学伯克利分校为例，当它调整专业策略后，即执行以生物原子工程为核心，其他学科协同的学科结构配置下，经过多年发展，其生物原子工程专业位列世界第一，加州大学伯克利分校也因此闻名世界，并形成了有特色及影响力的专业[①]。顶级工学院的人才要以专业学科结构设计为出发点和归属，通过教育或专业"选择性卓越"策略进行顶层设计，为工科学院塑造新型工科人才。天津大学新工科教育中心主任、加拿大工程院院士顾佩华提到，"要以学生发展为中心、培养结果为导向，建设一个整体化的课程体系，从传统的授课、考试、实验，向系

---

① 李学伟. 拓展研究边界 促进学科发展——加州大学伯克利分校学科发展的启示[J]. 现代教育管理，2013（04）：117-122.

化的、整体化的新的文理教育、多学科交叉的工程教育和个性化的模式转变"。通过案例分析我们也发现，顶级工学院的专业学科和课程结构有一定的规律可循。问卷调研表明，有 65.5% 的被调研者认为科学的跨学科课程体系设置是本科工程人才培养的重点，也有超过一半的人认为研究生培养需要重点关注跨学校、跨学科的合作协同。

以计算机科学与工程专业的课程结构为例，我们分析了 12 所大学的课程结构与规律（见表 1-5），主要发现了以下几个特点。

表 1-5 顶级工学院课程结构理念与实践

学 校	课程结构（其中 12 所大学以计算机科学与工程为例）
重庆大学	"在 126 个学分的美方课程基础之上，额外增加了 40 多个学分的课程，其中也包括专业课之外的思政课程、军体课程等，加之 Co-op 模式下 30 个实习学分，总计为 203 个学分，按 5 年制平均每年 40 个学分。"（重庆大学—辛辛那提大学联合学院座谈） "构建跨学科课程体系。前两年我们把土木、建筑、环境、生态和管理等学科进行交叉整合设立建筑学部。建设跨学科的教师团队和科教平台，推进学科的交叉与融合。开设跨学科通识课程，出版综合教材。"（重庆大学校长张宗益）
哈佛大学	本科基本学位要求是完成数学、计算机理论、计算机软件和其他计算机科学领域的 12 门半课程。涉及 4 个领域：基本领域、深度领域、联合领域与计算机科学中的思维、大脑及行为领域。学生能在计算机与其他领域结合开展"第二学位"，与经济学、法学、生物学、物理学、统计学、数学等也有着密切的联系；"分布式选修"，选修课比例大致在 50% 左右。（哈佛大学官网和文献资料）
麻省理工学院	包括学校通识课程和院系课程两个层级，院系课程分为 6 类，分别是学校通识课程、沟通课程、专业入门课程、专业基础课程、专业中级课程和专业高级课程；21 门通识课程包括：6 门科学课程，8 门人文、艺术与科学课程，2 门科学与技术限选课，1 门实验课和 4 门体育课。（麻省理工学院官网和文献资料）

续表

学 校	课程结构（其中12所大学以计算机科学与工程为例）
斯坦福大学	需完成96学分，课程体系包括数学（26学分）、科学（11学分）、社会中的技术（2～5学分）、工程基础（13学分）、核心深度课程（43学分）。（斯坦福大学官网和文献资料）
欧林工学院	没有专门的学部设置，只有电气与计算机工程、机械工程和其他工程学（主要领域为生物工程、计算、设计和机器人技术）三个专业；"欧林三角"的课程体系，涉及工程教育，还包括艺术教育和创业教育等方面，在校期间共需修满120个学分，而工程学课程模块不少于46个学分，数学课程模块不少于10个学分，数学与科学课程模块不少于30个学分，艺术人文和社会创业课程模块不少于28个学分。（欧林工学院官网和文献资料）
帝国理工学院	院系或部门包括工程、医药、自然科学专业及伦敦商业学院、教育中心或学校；计算机专业要求：3年本科制；第一年8个核心模块（core modules）；第二年9个核心模块（55学分），2个可选择模块（5学分），要求学生必须选其一；第三年，需要完成个人与团队实践项目。开展计算机系与数学系联合培养的本科或硕士教育项目。（帝国理工学院官网和文献资料）
加州大学伯克利分校	在本科课程中开发现场研究的相关课程，提升理论与实践融合度；计算机科学专业本科生必须完成4个单元设计课程（Design Course）、8个单元的CS高层课程（upper-division CS courses）、8个单元的CS/EE/EECS高层课程及7个单元的高层技术选修课（Upper Division Technical Electives）。（加州大学伯克利分校官网和文献资料）
剑桥大学	一年级：12个讲座和实践课程；二年级：理论（包括逻辑和证明、计算理论）、系统（包括计算机设计、计算机网络）、编程（包括编译器构造、高级算法）和应用和专业（包括人工智能、图形、安全），也要完成一个基于团队的反映产业实践的项目；三年级：根据兴趣选择相关课程如计算机体系、应用或理论等，需要完成12 000字的论文；四年级：为从事学术或产业研究进行设计，在最前沿进行探索。（剑桥大学官网和文献资料）

续表

学　　校	课程结构（其中 12 所大学以计算机科学与工程为例）
加州理工学院	设有 6 个学部，包括生物学与生物工程、化学和化工、工程与应用科学、地质与行星科学、人文与社会科学、数学—天文—物理等；核心课程（或通识课程）要求所有专业的本科学生都修读，主要安排在第一、第二学年。学生在第一学年末才选择专业，第二学年学习核心课程的同时开始学习专业课程，第三、第四学年集中精力专攻所选专业与领域的课程；加州理工学院核心课程共 32 门（255 学分），其中自然科学类课程 17 门（138 学分），人文社科类课程 12 门（108 学分），体育 3 门（9 学分）。加州理工学院核心课程学分占到本科生毕业总学分要求的 52.5%。（加州理工学院官网和文献资料）
佐治亚理工学院	由 7 个学院合办，需完成 10 门课程，其中包含本学院的 4 门课程（可从 5 门课程列表中选择 4 门），计算机科学学院的 4 门课程（也是 5 选 4），剩下 2 门课类似于任选课，可以在所有学院中选择。（佐治亚理工学院官网和文献资料）
苏黎世联邦理工学院	设有 16 个系；3 个类别课程，即学科基础类课程、科学和技术科学类课程、人文与社会科学和数学课程；第一学年，学生需完成一般基础课程；第二、第三学年，学生需完成专业课程、选修课程、项目、学士论文，以及人文、社会和政治科学课程和 6 个月的工作经验培训，还有个人书面论文和项目介绍。（苏黎世联邦理工学院官网和文献资料）
新加坡国立大学	学生必须完成 160 个 MC，Cap ≥ 2.0；课程分两个阶段，第一阶段学生在数学，信息科学和计算方面建立坚实的基础，第二阶段增加电气和计算机工程基础知识的核心模块，在专业技术领域建立基础；学生还可以选择各种选修课（包括通信与网络、嵌入式计算、大规模计算、智能系统、互动数字媒体和集成电路等）。（新加坡国立大学官网和文献资料） "在新加坡国立大学，我们希望学生所学的两个专业——工科与人文社科，能够让他们具备多种能力，也就是说既有广博的知识又有两个专业，同时又能结合理科和人文学科。"（新加坡国立大学副教务长梁慧思）

续表

学　　校	课程结构（其中 12 所大学以计算机科学与工程为例）
中国香港科技大学	特别注重科学技术、工程管理和商业课程建设，需完成核心课程项目和本专业课程，核心课程项目旨在为学生带来均衡、全面的教育；需要修满至少 120 学分；在某一独立领域之内及之外至少选择 2 门课程。（中国香港科技大学官网和文献资料）

资料来源：各校官网、文献资料等。

其一，扎实的核心课程体系。首先，专业学科设置需要帮助学生构建基础的学科知识结构。从某种程度上说，在现代社会，相对于通识教育而言，专业化教育显得更重要，因为通识教育更容易通过网络或其他信息渠道获得，而专业化教育则更强调成体系、系统的知识传授，这也要求学校要构建完善的专业教育的课程体系。它奠定了学生的基础研究能力，因而顶级工学院更要构建专业化教育的核心机制与有效模式。例如，帝国理工学院在 3 年本科制的第一年设计了 8 个核心模块，分别是计算机系统导论（Introduction to Computer Systems）、计算机体系结构导论（Introduction to Computer Architecture）、逻辑（Logic）、程序推理（Reasoning about Programs）、数学Ⅰ（Mathematics Ⅰ）、离散结构（Discrete Structures）、图形和算法（Graphs and Algorithms）、数据库导论（Introduction to Databases）。为了顺利过渡到第二年的学习，学生必须把八个核心模块中的每一模块至少完成 40%，在计算实践（Computing Practical 1）部分中，至少完成 50%，整体必须完成 40%。在第二年，学生需要完成 9 个与计算机相关的核心模块（55 学分），而在 2 个可选择模块（5 学分）中，学生必须选其一。在第三年，学生可以从批准的选项列表中选择 6 门课程[①]。

---

① 可参考：a.1Undergraduate courses [EB/OL].https://www.imperial.ac.uk/computing/prospective-students/ug/. b. 李政云.一流本科教育建设的院校战略——英国帝国理工学院案例剖析 [J]. 高等教育研究，2019，40（02）：103-109. c. 王玲，万建伟，安成锦.伦敦帝国理工学院本科教学特点探讨 [J]. 高等教育研究学报，2012，35（04）：52-54+58.

同时，本科生可从帝国理工学院商学院课程或地平线课程中选择一门。这样的课程结构使得帝国理工的本科生能够充分理解计算机科学的理论与实践。哈佛大学（简称哈佛）亦是如此，在计算机科学的四个领域方向中，都要完成基础数学、基础软件、理论及技术选修课（包括宽度要求）的课程结构要求，其中对于核心课程体系提出了相应的标准。

其二，跨学科的课程体系。例如，从2008年到2019年，在计算机科学专业，哈佛大学与不同学科的联系愈发紧密，以计算机为主、其他学科为辅或以其他学科为主、计算机为辅的课程体系在逐年增多（见表1-6）。各类议题如人权、东方文明、全球视野、环境保护等不断被纳入哈佛大学的通识课中，形成了"分布式选修体系"。而在2018年，哈佛大学发布了通识教育新方案，试图在核心课程与跨学科选修课程之间取得一定平衡。斯坦福大学实施了"博雅教育"，要求学生须完成96学分的课程体系，包括数学（26学分）、科学（11学分）、社会中的技术（1个课程2～5学分）、工程基础（13学分）、核心深度课程（43学分）。因此，斯坦福大学在组织机制上保障了人才综合素质的培养。具体来说，它早在1998年就率先在美国开展大型跨学科Bio-X研究计划，现已组建了跨学科教学的师资队伍，建构了跨学科考核评价的体系，成立了跨学科对话交流的研究机构等。与计算机科学与工程专业相关的跨学科包括数学与计算科学（Mathematical and Computational Sciences）与符号系统（Symbolic Systems）。在基本的课程体系下，斯坦福大学还为人工智能、人机交互等领域提供了更深度的核心课程与项目课程。欧林工学院的"欧林三角"也充分体现了对学生跨学科思维的培养，它奠定了欧林跨学科培养的基本框架。苏黎世联邦理工学院明确提出其教学目标是使学生获得扎实的技术知识、实践技能和参与跨学科活动的能力。帝国理工学院在其使命陈述中提出，将在学院内开展跨学科工作,并与外部广泛合作。但同时我们注意到,不同学校的跨学科课程类型与数量设置并不相同,这与其人才培养目标与理念相关。另外,具有中国特色的"思政课程""军体课程"等提供了培养人才的新思路与新方法,也是一种有效的学科发展路径。

表 1-6 2008—2019 年哈佛大学计算机科学与其他领域课程结合情况

课程	2008	2009	2010	2011	2012	2013	2014	2015	2016	2017	2018	2019
计算机科学	86	86	99	143	198	253	263	306	363	394	385	407
计算机科学+其他领域	4	7	10	13	17	22	32	42	47	59	84	95
其他领域+计算机科学	4	8	10	15	7	18	21	24	25	41	51	53

资料来源:哈佛大学官网。

其三,专业学科与课程结构关注创造力培养。在哈佛大学,计算机科学专业被定位为一个充满了开放性问题和创造性发明机会的动态领域。因而,哈佛不仅关注工程和技术,更重视通过计算机科学专业的课程教学和培养,让学生在未来能通过相关技术以一种创造性的方式实现自己的想法。苏黎世联邦理工学院也在使命中明确提出鼓励学生培养个人创造力和反思评估能力,它将人文社会科学视为其完整教育的必要组成部分,这样才能培育具有全面视野及对社会负责任的人才。它的第一年的课程设置就让学生在自然科学、技术和人文社会科学等领域接受基础训练,其主要目的就是发展学生的洞察力和创造力。中国香港科技大学的核心课程项目也关注个体全面发展,立足于培养学生的思考力。而新加坡国立大学的计算机工程专业的培养目标是帮助学生成为技术专家、批判性的思想家和终身学习者。

其四,实践融合。例如,在剑桥大学(简称剑桥),有超过 1 000 家专业计算和先进技术公司以及商业实验室 [被称为"硅芬(Silicon Fen)"],其中很多本地公司和初创企业支持剑桥的教学并雇用其毕业生，并设有专门的实践课程。而在帝国理工学院的第三年培养中，本科生需要完成个人实践项目（整个一年）和团队实践项目（第一个学期）。在重庆大学—辛辛那提大学联合学院中，实习学分有30分，学生需要将理论与实践结合。在一些实践场景中，学生可以利用Co-op的实践深度参与老师实验室的研究项目或国际交流项目，并在这个过程中申请专利、发表论文、申请校内外荣誉等。

三、教学方式

教学方式是教师教学活动的具体体现，既包括教师"教"的方法，也包括学生"学"的方法。在教学中，学生的认知学习与能力提升应为教育核心，而非教师传授的教学内容。各顶级工学院在教学方式上都立足以学生能力达成为中心，坚持教学方式的创新与相关实践的支持。整体看，教学方式的核心要做到教学的个性化、精细化、科学化与人性化（见表1-7）。例如，加州理工学院构建了以师生为本的教学支持系统。在支持系统中，师生可以获得个性化和人性化服务，并享受各类技术支持和教学资源。特别是教职人员和学生组成教育科学与技术工作小组，能帮助学生主动参与及进行跨学科主题的学习，提升教师的教学研究技能[1]。加州理工学院采用灵活的课题教学，除了传统的讲授课之外，还开设讲座、班级研讨课和实验课等。如"板块构造"课程，其中课程讲座还分为3个模块，即暖场（warm up）、讲座和随堂测试[2]。新加坡国立大学构建了π型教育模式，让学生具备多领域知识和多种能力，并提出"终身学生（Students for life）"概念。

---

[1] 嵇艳, 汪霞. 构建师生为本的教学支持系统——加州理工学院教育服务新视角[J]. 教育评论, 2015（08）: 49-52.
[2] 刘绍文. 美国加州理工学院"板块构造"课程的教学特点分析与思考[J]. 中国地质教育, 2017, 26（03）: 95-100.

表 1-7 顶级工学院典型教学方式理念与实践

学　校	典型教学方式
重庆大学	"答辩""问题导向式教学""研究项目驱动"等为载体的教学培养模式创新（重庆大学 Co-op 教育模式调研访谈总结）；"学科体系要变成工程过程体系，这是我们的教学过程。"（重庆大学校长张宗益）"不断重塑教学和学习；融合课堂教学与课外学习和实践，相得益彰；在利物浦大学基础上建构研究导向型教育方式；一种与环境高度融合、被数字化技术赋能的终身教育方式。"（西交利物浦大学内部资料与调研结果）
哈佛大学	案例教学法及模拟教学法注重将学生带入真实情境中；尝试趣味学习教学法（Playful Learning）；VR 远程教学；HarvardX 在线课程平台开发建设、Bok Center 自由设计学习实验室。（哈佛大学官网和文献资料）
麻省理工学院	用信息技术整合教学管理流程；网络与课堂混合授课（如供应链管理专业）；MIT 科学数据管理与共享平台建设；开创数字教育先河，MITx 的在线课程组合。（麻省理工学院官网和文献资料）
斯坦福大学	"CEA"三阶段学习；"开环大学"教学模式，边实践、边学习，整合学习；跨学科教学的师资队伍，建构跨学科考核评价；斯坦福在线学习（疫情期间每天支持超过 14 000 个 zoom 视频会议）。（斯坦福大学官网和文献资料）
欧林工学院	"项目制"；以"课程竞争力"为核心，建立一套具有欧林特色的教学活动反馈机制。（欧林工学院官网和文献资料）
帝国理工学院	基于证据（evidence-based）的教学变革；开发在线与数字工具，增强课程、教学和社区建设的协作性；对教学进行及时有效的评估与反馈；认可并奖励那些在教育实践和学生支持方面注重创新与表现卓越的教师。（帝国理工学院官网和文献资料）
加州大学伯克利分校	伯克利学生学习中心；在线 SPOC（Small Private Online Course）混合式教学；以发现为基础的学习（discovery-based learning）；成立"教学和学习中心"，为教师的教学改革和研究提供全方位服务；基于数字技术的 b 课程、伯克利中心、课程捕捉服务、受众反映系统及课程评价等教学服务体系。（加州大学伯克利分校官网和文献资料）

续表

学　　校	典型教学方式
剑桥大学	导师制教学（个人导师、课程导师、学习技巧导师等）；教学主要是"演讲（lectures）+研讨会（seminars）+实验课程（practicals）"；基于数字技术的教学（ePortfolio Platform）。（剑桥大学官网和文献资料）
加州理工学院	师生为本的教学支持系统；灵活的课堂教学（讲授、班级研讨、实验课等）；所有师生需参加负责任的在线课程教育。（加州理工学院官网和文献资料）
佐治亚理工学院	新的 ThreadsTM 培养方案（如计算机专业）；面向研究生的"TI: GER"项目，创业团队教学模式；长期性的跨学科的 VIP（Vertically-Integrated Projects）项目，基于网络式（web-based）的"同行评议"（peer-evaluation）和"项目笔记"（project Notebook）；构建"在线学位+研究生证书（现有 13 个）+远程数学课程+夏季本科教育在线项目"。（佐治亚理工学院官网和文献资料）
苏黎世联邦理工学院	组建"瑞士联邦理工学院及研究所联合体"，鼓励教学创新；"教育发展与技术中心"，重视信息技术为教学服务，强调教师在教学和研究中的创新。（苏黎世联邦理工学院官网和文献资料）
新加坡国立大学	教育方式由 T 型教育模式转向 π 型教育模式；利用新技术来提升教学效果，教师团队的培养和认证、资历的筛选；开放在线学术课程。（新加坡国立大学官网和文献资料）
中国香港科技大学	组建跨学科课程办公室；有教学质量委员会监督和教学年度报告，有教学创新支持；开设 VisMOOC 项目。（中国香港科技大学官网和文献资料）

资料来源：各校官网、文献资料等。

在多所顶级工学院的跨学科教育中，跨学科教学一般采取一门课程由多位教师共同教学，以及多位教师和学生共同参与一项研究主题的方式来实现。哈佛大学的案例教学法及模拟教学法，包含设计课堂上的模拟实践和课堂下的实景实践，它帮助学生获得切实感悟力，并提升发现和解决问题的能力。哈佛也在尝试各种教学创新，如趣味教学法，该教学法的核心是"让老师有同理心，让学生敢于犯错，让学校的领导者鼓励自己的老师冒险，让政策制定者去帮助教育体系内所有的人去学习，去犯错"[1]。佐治亚理工学院将ThreadsTM作为一种新式组织计算机专业本科教育的教学方法，它废除了单一的核心课程加一系列选修课程的模式，通过教学革新使学生更能应对外部变化的全球环境[2]。帝国理工学院提出"基于证据"的教学，即要求基于确切而严谨的证据评估教学与学习成效，确保教学方法科学、严谨及有效[3]。帝国理工学院要求理性谨慎地运用在线和数字技术，更多地思量如何最有效地用这些技术推动学生形成有价值的见解及创新性思考，要积累对培养学生自主学习意识与创新精神的教学证据。这些顶级工学院的教学方式的核心基本是以学生能力达成为中心，促进师生沟通交流，致力于培养学生的批判性思维与创造性思维。

技术的发展也大力支持了教学的变革。如麻省理工学院结合信息技术对学校的行政流程进行再造，他们重新梳理了7个管理流程：管理报告、供应商整合、邮件服务系统、基础设施运行、信息技术服务、任命程序和学生支持系统。同时，它和SAP合作开发实时管理软件SAP/R3，以帮助管理人员作出更快、更好的决策，有效地保持和强化了MIT在教学与研究上的卓越发展[4]。MIT开创的数字教育先河"MITx的在线课程组合"为所有年龄段的学习者提供了灵活地访问麻省理工学院课程内容的途径。加州大学伯克利分校开设了"云计算与软件工程"课程，与MOOC结合，在校内开展SPOC（Small Private Online Course）混合式教学，得到了来自全球学习者、

---

[1] 哈佛大学教授. 如何通过玩耍培养创新？未来教育管理研究中心微信公众号，2019-04-01.

[2] 晏华. 佐治亚理工计算机专业人才培养的新思路[J]. 计算机教育，2006（11）：48-52.

[3] 刘奕涛，彭旭. 教学创新提升一流学习质量——《帝国理工学院学习和教学战略》述评[J]. 世界教育信息，2018，31（18）：43-49.

[4] 尚俊杰. 如何超越在线教育. 未来教育管理研究中心微信公众号，2020-04-08.

在校师生和工业界雇主的好评[①]。此外，哈佛大学、麻省理工学院、斯坦福大学等大学都将数字技术应用于教学改革，而且一些大学取得了领先式进展。我们的调研也发现，大部分的高校已采用远程教育和线上实验室、离线网络学习、人工智能应用教育及开放数据学习等教学创新法（见图1-3）。技术对于教育的意义在于它通过高科技融入教学研讨的方式来促进学习变革，在时空上突破传统培养效率的局限，帮助培养全球具有潜力的高创造性人才。

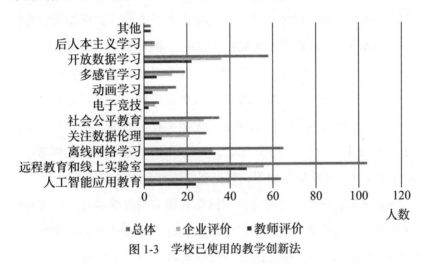

图1-3 学校已使用的教学创新法

四、管理制度特色实践与文化价值观

顶级工学院在管理制度特色实践与文化价值观及氛围构建上也有一定的特色。例如，剑桥大学在治理结构上是学院负责制，它共有31所学院，每个学院都是独立法人，有独立的内部管理程序。虽然每个学院都独立运行，但它们都具有鼓励开放、融合、包容、试错、挑战权威等特征，这是剑桥所尊崇的文化价值观。在人才评价管理实践上，剑桥设置有发挥监察和第三方评价作用的"影子机

---

① 阳海鸥，冷清明. 从MOOC到SPOC：大学在线教育的守与变[J]. 创新创业理论研究与实践，2021，4（16）：66-68.

构",即各类校级委员会和院级委员会,它们对学生学业水平进行终结性评价,极大保障了学生培养的高质量标准[①]。为了发挥技术的实践作用,哈佛大学成立了技术开发办公室及工程与应用科学学院,后者弥合了科学与实践之间的技术鸿沟,为创新创业打造了制度基础。另外,哈佛为了鼓励学生自由探索与潜能激发,本科生直到大二秋季学期才被要求申报自己的专业,并且在整个本科学习过程中随时可以更改,直到毕业典礼前一个月[②]。哈佛大学倡导的文化就是追求真理,赋予学生变革性、具有服务及改变社会潜能的教育经历。帝国理工学院也关注文化在学校运行中的战略作用,在2017年的第五个具有连续性的《帝国理工学院学习和教学战略》中,帝国理工学院提出的一个关键战略是培养更具包容性、多元化的教育文化。新加坡国立大学则一直秉承"无墙文化"原则,即"人才不设墙""观念不设墙""思维不设墙"和"知识不设墙"[③]。这使得新加坡国立大学在人才集聚与培养、科研创新等方面取得卓越成效。

加州大学伯克利分校为开展跨学科研究与教学建立了正式的组织系统——组织化的研究部门(Organized Research Units,ORUs)。ORUs是开展跨学科研究的专门组织系统,是为跨学科研究提供支持的基层组织,同时也是对学科教学科研目标的补充,它具有明确的组织共同目标,从而确保了跨学科研究组织的稳定性。根据官网数据,加州大学现有130个研究部门,以及80个跨学科的研究中心。2009年,加州大学伯克利分校提出了校园文化氛围建设的具体目标与途径,这也与其跨学科、跨领域、跨区域等协同合作研究相

---

① 彭湿尘,段世飞.英国研究生教育的淘汰机制及启示——以剑桥大学、牛津大学为例[J].现代教育科学,2019(12):137-143.
② 过勇.本科教育的组织模式:哈佛大学的启示[J].高等教育研究,2016,37(01):64-73.
③ 王宝玺,于晴.亚洲世界一流大学建设的特点及启示——以东京大学、新加坡国立大学和香港科技大学为例[J].高校教育管理,2018,12(06):57-64.

一致。文化的目标要求增加包容性，既要校园成员增进对校园公平与包容原则的知识与技能获取，也要减少个人与团体间的隔阂、偏见和投诉，更要提升伯克利校园中课程、项目、服务、实践、政策、基础设施等方面的公平、包容与差异的满意度。加州大学伯克利分校通过在班级、工作场所、宿舍等校园空间开展各种文化活动，并构建多元文化交流中心，激励和支持个人或团体间的跨文化对话和交往，塑造尊重公平、包容和差异的氛围。在学校层面，加州大学伯克利分校甚至有分管公平与包容的副校长职位。

在问卷调研中，有 53.2% 的被调研者认为人才培养方案、课程体系及教学互动不合理是中国工程人才培养面临的挑战、困难或瓶颈，这使得我们难以培养出高质量工程人才。挖掘、提炼、制定和执行特色管理制度和体系成为未来工程人才制度管理和体系建设的重要方向，我们需要进行全方位的制度审视与适度变革，不仅仅在组织机构、跨学科结构设计、教师学生评价制度等显性维度上，更要表现在文化价值观等隐性维度上。

制度安排提供了创新"合法化"的路径，它让使命、愿景、理念和目标更容易落到实处。例如，加州理工学院的使命是扩展人类知识，将研究融于教育以服务社会，并培养富有创造力的学科和行业领袖。为此，加州理工学院每年都会正式邀请企业界、工业部门和研究机构的权威人士提供建议，并开展各种研究项目使"科教融合"；同时，建立以教学为中心的评价制度与教学支持系统以确保人才培养质量。哈佛大学追求真理并致力于解决现实问题，因而它成立了技术开发办公室及工程与应用科学学院，并提供相关的指导文件，前者帮助哈佛更好地进行科学研究，后者帮助弥合科学与实践之间的技术鸿沟，为创新创业打造制度基础。加州大学伯克利分校非常看重文化构建，将之作为战略发展的重点。它提出了建设校园文化氛围的具体目标与途径，并将其重点写入相关制度文件，这为协同创新氛围建设与行为激发提供了较好的制度环境。

五、融合共生与内外协同

工程教育的利益相关者必然包括企业、政府和相关社会力量。顶级工学院须建立高校、政府、企业与行业之间的协同共生关系（见表1-8），以实现融合共生和内外协同。数字技术也打破了大学对知识的垄断，大学已不再是知识生产的单一主体。在新时代下，大学需要连接全球优质学术与产业资源，以创新发展为目标培养引领未来的产业领袖。顶级工学院不可能在所有的学科知识领域都保持世界第一，它们需要做的是聚焦于自己最擅长的知识领域，并与在其他领域具有比较优势的高校、研究机构或企业进行协同创新。例如，哈佛与麻省理工学院建立了博德研究所（Broad Institute），它是一个高水平的基因组学研究中心，通过整合哈佛的化学生物学基础理论研究与临床医学优势和MIT的生物工程优势，展开跨机构、跨学科的研究合作，并产生了颠覆性创新成果。哈佛大学还曾与国家"联姻"，在"曼哈顿工程"等项目中做出卓越贡献，实现了快速发展。

表1-8 融合共生与内外协同理念与典型实践

来　源	理念与典型实践
重庆大学、江苏省产业技术研究院与西交利物浦大学	"学院截至2018年底共建58家合作企业资源，包含西门子、GE、国家电网、大众、奔驰等9家世界500强企业，行业包括传统行业及大数据、智能制造等新兴行业，覆盖中国北京、中国上海，美国、沙特等15个国内外主要区域，共计开发114个企业实习岗位与65个其他实践岗位（如科研实践类）。"（与重庆大学—辛辛那提大学联合学院访谈和调研总结）

续表

来源	理念与典型实践
重庆大学、江苏省产业技术研究院与西交利物浦大学	"开展Co-op模式工程教育，联合培养人才；构建共享型'学术共同体'平台。与剑桥、雷丁、劳伦斯·伯克利国家实验室等机构合作，开展多项合作。"（与重庆大学—辛辛那提大学联合学院访谈和调研总结） "加强产业技术研发机构、国内外高校和龙头企业等创新主体协同，融合原始创新、应用技术开发和市场需求等创新要素；院本部与研究所的关系是服务，既是服务，也是共生共赢；设立专项合作资金池，用于鼓励海外机构和研究所合作。"（与江苏省产业技术研究院刘庆院长和员工访谈） "中英两国，西交利物浦大学、西安交通大学、英国利物浦大学，全球一流的实验设备与科研力量的互补与融合已经造就并在不断造就更多的丰硕成果；建立完整的教育与社会共生生态系统（比如建立全球创新创业卓越中心，教育技术研发中心，配套以基础教育、职业教育等）。"（西交利物浦大学内部资料及调研与访谈结果）
未来教育论坛演讲嘉宾材料	"重塑交叉融合实践平台，我们正在打造的就是STREAM（Science, Technology, Reading, Engineering, Arts, Mathematics），即科学、技术、阅读写作、工程、人文艺术、数学；产学研教深度融合，加强校企合作，鼓励'3+1'订单式培养；创新实践平台搭建，依托创新创业学院来搭建校内校外的平台。"（重庆大学校长张宗益） "大学跟社会互动形成一些共享性的终身学习、创新创业的卓越中心。"（西交利物浦大学执行校长席酉民） "在产业领袖的培养过程中，大学、政府、市场及企业、公民社会这些主体也都发挥了重要作用。"（华南理工大学校长高松） "要建设共享型教学实践平台，打造新工科教育共同体。"（天津大学校长、中国工程院院士金东寒）
哈佛大学	"曼哈顿工程"的卓越表现；建立博德研究所；创新学校的校企合作机制，体验式学习。（哈佛大学官网及文献资料）
麻省理工学院	MIT智能探索（Intelligence Quest）全球合作项目；采取多种途径深度融合高校与产业之间的产学研合作，如技术许可办公室（TLO）及技术转化机构、产品开发创新中心、工业联盟/合作项目等。（麻省理工学院官网及文献资料）

续表

来　源	理念与典型实践
斯坦福大学	与周边企业形成协同发展力量，形成"硅谷发动机"；参与军事科研，获得政府科研资金支撑，建立美国大学史上第一个大规模MIT辐射实验室；联邦政府资助科研项目。（斯坦福大学官网及文献资料）
欧林工学院	从2010年开始，超过65个国家、800个高校的2 500多访问者来校交流；发起公司合作项目（Corporate Partner Program）。（欧林工学院官网及文献资料）
帝国理工学院	开放式大学；帝国创新公司负责学校的科研成果转化；提供联合办公空间、创客空间和黑客空间，建立指导和投资者网络；与中石化共同成立研究院。（帝国理工学院官网及文献资料）
加州大学伯克利分校	多元主体的董事会治理结构；基于跨学科协作的泛在安全技术研究中心。（加州大学伯克利分校官网及文献资料）
剑桥大学	剑桥企业，创业学习中心、剑桥科技园、剑桥网络的建设；政府在政策、资金上的支持，社会资本涌入；相关制度：教师兼职聘任、较低租金、宽松知识产权、产业界人士来校授课或开设讲座、完成企业委托任务（科创服务）。（剑桥大学官网及文献资料）
加州理工学院	邀请企业界、工业部门和研究机构的权威人士参加顾问委员会。（加州理工学院官网及文献资料）
佐治亚理工学院	通过发起"大挑战计划"，建设"科技广场"；兴建高水平的合作研究中心、创新创业中心。（佐治亚理工学院官网及文献资料）
苏黎世联邦理工学院	每年获得联邦教育经费多达92亿元人民币，还从第三方资助和自身技术转化中得到的资金多达30亿元人民币；每年提交约100项专利申请，成立分公司，并基于产出的科研工作成果开展合作，推动学术研究向工业应用转移，实现科学知识的技术转化与创新。（苏黎世联邦理工学院官网及文献资料）
新加坡国立大学	建立大学创业系统；成立海外学院，与高科技公司建立合作关系，培养未来企业家；与世界顶尖大学合作成立科研创新和开发机构；与世界顶级机构组成的集团联盟、领先公司和政府机构等开展合作，设置"创业跑道计划"（start-up runway）来孵化企业项目。（新加坡国立大学官网及文献资料）

续表

来源	理念与典型实践
中国香港科技大学	强调科技应用，关注大学与企业界的合作（在大学宗旨里就明确了服务社会经济的任务）；设立专门的研究机构与对外联络部开展校企合作；与华为、联想、阿里巴巴、腾讯等顶级科技公司合作，与它们建立联合实验室或研究中心。（中国香港科技大学官网及文献资料）

斯坦福大学在历史沿革中非常注重融合共生、内外协同[①]。一方面，斯坦福大学与政府逐渐建立起共生关系，曾在二战、"冷战"等阶段贡献科研力量，而政府也为斯坦福提供了资金支持。如今，联邦政府资助的科研项目发明的经济收益全部归学校所有，教授也能获得专利权转让费的1/3；如果资助的是小公司，那么就归公司所有，政府不拿走任何收益。另一方面，早在1951年，斯坦福大学就在校长斯特林（Wallace Sterling）与电机系教授弗雷德里克·特曼（Frederick Terman，被称为"硅谷之父"）的带领下，在斯坦福的土地上建立了一个约580英亩的高技术工业区，并兴建了研究所、实验室、办公写字楼等。从此，世界上第一个高校工业区诞生了，它就是硅谷的原型。弗雷德里克·特曼非常关注将研究或想法付诸商业实践，他倡导的与实践融合共生的理念也一直在斯坦福大学传承下来。斯坦福大学工学院与周边企业形成协同发展力量，构建了具有强大影响力的硅谷新兴产业区，斯坦福大学由此成为"硅谷发动机"或"硅谷心脏"[②]。另外，斯坦福大学非常重视与产业实践融合，不少教师或自己创业，或做天使投资人，由此催生了很多著名的公司，如谷歌、惠普等。因而，斯坦福大学也结合产业实践进行协同

[①] 郑刚，郭艳婷. 世界一流大学如何打造创业教育生态系统——斯坦福大学的经验与启示 [J]. 比较教育研究，2014，36（09）：25-31.

[②] 现在硅谷主要依托斯坦福大学和加州大学伯克利分校，以及加州大学系统的其他几所大学和圣塔克拉拉大学。

育人。在课程体系中，一些课程由主讲教师与客座嘉宾联合授课，学校也会邀请资深企业家和创业者讲授，如谷歌公司前董事长艾瑞克·施密特、英特尔公司前总裁安迪·葛洛夫等都曾是授课团队中的一员。

"剑桥现象"是指剑桥大学的三一学院（Trinity College）在建立剑桥高科技园区后，以剑桥大学及其周边地区为核心，涌现出大量高科技企业，且它们形成的国内生产总值远远高于英国整体水平，成为重要的发展中心，与美国的硅谷一道享誉世界。比尔·盖茨（Bill Gates）曾描述，剑桥大学和剑桥创新集群是崭新的事业，是帮助发挥伟大才智的灵感激发器，让我们生活变得更加美好，它充分实现了现代科学技术成果与高新技术企业的高效协同。剑桥大学构建了协同政府及企业群的体系，塑造了科技成果转化的"生态系统"[1]。生态系统强调技术创新与成果转化，并通过科研和教学并举、大学与产业融合，发挥出协同育人的优势。剑桥大学创建了剑桥企业（Cambridge Enterprise）和创业学习中心（The Centre of Entrepreneurial Learning）来支持生态系统与协同育人。剑桥虽只是10多万居民的小镇，但却是欧洲最大的技术研发中心，拥有上千家高科技企业。可以说，正是剑桥大学充分发挥自身的智力支持、政策及制度支持，及时地将科技创新成果应用和开发转化，才成功实现了科研产业化和与企业的对接。

麻省理工学院是最早推行大学与政府、企业进行合作研究的大学，它十分关注与产业融合共生。它会采取多种途径在高校与产业之间进行协同，如建立技术转化机构、产品开发创新中心、工业合作项目、企业家精神辅导中心等[2]。在与产业的合作中，麻省理工学

---

[1] 蒋洪新，孙雄辉. 大学科技园视阈下高校科技成果转化路径探索——来自英国剑桥科技园的经验[J]. 现代大学教育，2018（06）：53-57.

[2] 杜燕锋. 麻省理工学院学科专业与产业互动：历程、特征与启示[J]. 广东开放大学学报，2019，28（02）：1-6.

院建立了 ILP 产业联盟部门，并与产业界进行知识交流与合作，而企业也会对学院进行投资，支持相关研究和发展。另外，麻省理工学院也会与许多领先的国家和国际组织合作研究，以进一步推动理论与技术研究。

加州理工学院各系每年都邀请企业界、工业部门和研究机构的权威人士加入顾问委员会，通过产学研协同了解科技市场动态，以便调整自己的战略与研究方向。加州大学伯克利分校也许拥有美国高校共同治理中运行最佳的共同治理模式。在加州大学伯克利分校的治理结构中，董事会成员囊括加州政府官员、校长、教师代表、学生代表、校友、捐资人、社区公民等主体，这使得任何一方的意志都能体现在共同决策中，保证了多元主体参与、民主决策。

佐治亚理工学院带动美国东南部的工业中心的发展，它启动了"科技广场"（Tech Square）项目。截至 2018 年，已有可口可乐、西门子、波音公司等十几家跨国公司入驻"科技广场"展开协作，并兴建了高水平的研究中心、创新创业中心。苏黎世联邦理工学院每年获得的联邦教育经费多达 92 亿元人民币，这甚至不包括物业管理、新建教学设施的费用。另外，学院从第三方资助和自身技术转化中得到的资金多达 30 亿元人民币。这些经费全部被用于办学和科研之中，或者说全部用在对学生和教师的投资中。为了更好地与实践对接，苏黎世联邦学院的科研人员会成立分公司，并基于产出的科研工作成果开展合作，推动学术研究向工业应用转化。同时，会基于科研合作开发教育产品为相关人士提供培训与技术技能指导，形成以大学、企业与科研院所跨界合作的知识产生与供给体系[①]。

在国内，重庆大学—辛辛那提联合学院的培养项目在协同育人

---

① 郄海霞，李欣旖，王世斌. 四螺旋创新生态：研究型大学引导区域协同创新机制探析——以苏黎世联邦理工学院为例 [J]. 高等工程教育研究，2020（02）：190-196+200.

上取得了较大成功。重庆大学校长张宗益在2020年1月北京大学举办的未来教育论坛发表了"面向未来的工程教育模式探索与实践"主题演讲，其中提到，在重庆大学—辛辛那提联合学院的首届毕业生中，10名同学获得了Magna Cum Laude（极优等）荣誉学位，9名同学获得了Cum Laude（优等）荣誉学位，还有29名同学拿到了卡耐基梅隆大学、普渡大学等海外名校的录取通知，21名同学保送至中国科学技术大学、武汉大学等国内著名高校深造，总体深造率超过85%。第二届的毕业生深造率也超过了85%。截至2018年底，重庆大学—辛辛那提联合学院共建成58家合作企业资源，包含西门子、GE、国家电网、大众、奔驰等9家世界500强企业，行业包括传统行业及大数据、智能制造等新兴行业，覆盖中国北京、中国上海，美国、沙特等15个国内外主要区域，共计开发114个企业实习岗位与65个其他实践岗位（如科研实践类）。张宗益表示要实现产学研的深度融合，既要实现校企合作，也要实现校校合作。在校企合作方面，开展Co-op模式工程教育，将课堂学习和企业实习交替进行，联合培养人才；在校校互动方面，构建了共享型"学术共同体"平台，整合国内外优质资源。同时，与剑桥、雷丁、劳伦斯·伯克利国家实验室等机构合作，开展联合培养、暑期夏令营、双学位项目以及合作办学等活动，促进"校校互动"。西交利物浦大学的教育模式也是遵循典型的协同共生逻辑，它建立了完整的教育与社会共生生态系统，包括建立全球创新创业卓越中心、教育技术研发中心等[①]。我们的问卷调研表明，有超过一半的被调研者认为未来教育的人才培养变革中，"学校、企业与科研机构等多元协同教学与治理生态"是学校治理需要重点关注的方面。

---

① 陈春花，尹俊，刘霄，席酉民.共生协同的大学教育模式——基于西交利物浦大学的案例分析[J].大学与学科，2021，2（03）：70-79.

六、国际化

国际化是当今教育发展的主流与趋势，我们可以借鉴顶级工学院开展的教育项目合作、国际化办学等经验（见表1-9），深入制定中国特色教育国际化战略。国内一些学校已较早地开始实施国际化战略。如重庆大学—辛辛那提大学联合学院实质上正进行着国际型工程人才培养，它采用的是全英文授课。同样，西交利物浦大学也以全英文授课，并以创建研究导向的国际大学为发展方向，整合两国三校资源，服务经济和社会发展。它于2017年启动"国际化融合型精英"培养新模式——"融合式教育"。为促进世界教育反思与重塑，西交利物浦大学既吸纳了美式教育的灵活性，又借鉴了英式教育严格的质量监控体系，再融入了中国和苏联教育重基础的优点，综合打造出西交利物浦大学国际化教育新模式[①]。

表1-9 顶级工学院国际合作相关理念与典型实践

来源	合作相关理念与典型实践
重庆大学与西交利物浦大学	"联合学院是重庆大学本科教育国际化的示范单位；建立国际化办学团队，在全面采纳美方课程评价的基础上增补相关课程，实现全面的国际化协同管理；国际化不仅体现在科研，也体现在办学教育方面（如全英文授课），为重庆大学双一流建设工作迈出重要一步。"（重庆大学调研访谈总结） "2017年启动'国际化融合型精英'培养新模式——'融合式教育'；成为中国最强大的国际化的教育研究和传播基地。"（西交利物浦大学内部资料、访谈与调研结果总结）
未来教育论坛演讲嘉宾材料	"回应全球合作办学的要求，追求内涵式发展的国际化合作模式，建设面向全球开放发展的工作体系；以国际化为主轴实施全球开放发展战略。"（浙江大学校长吴朝晖）

---

① 席西民. 未来教育的核心：心智营造. 未来教育管理研究中心微信公众号，2020-06-29.

续表

来　　源	合作相关理念与典型实践
未来教育论坛演讲嘉宾材料	"我越来越体会到教育国际化这篇大文章。我们在走向世界，世界在走向中国，教育的未来是不可分的，中国就是世界的一部分。"（北京大学燕京学堂院长袁明） "全球思维，本土理解，国际化行动。"（西交利物浦大学执行校长席酉民） "我们希望我们的工程技术人才要交叉，要跨界，要国际化。"（重庆大学校长张宗益）
哈佛大学	设立哈佛国际事务办公室与全球支持服务办公室；科研国际化，全校有超过2 000个跨国际活动，还有跨国际研究中心；课程国际化，提供超过使用70种不同的语言进行教学国际化，从非洲语系到东部地区语系再到罗马语系等。（哈佛大学官网及文献资料）
麻省理工学院	设立"全球教育与职业发展中心"；进行国际科学技术合作项目；与新加坡科技设计大学、浙江大学等开展合作办学。（麻省理工学院官网及文献资料）
斯坦福大学	设有国际与跨文化教育研究中心与国际学生中心；暑期学习与实习。（斯坦福大学官网及文献资料）
欧林工学院	国际化中的"多元化、公平与包容"规范。（欧林工学院官网及文献资料）
帝国理工学院	设有国际关系办公室与国际学生支持部门；与国际公司展开广泛的合作；注重大学在解决全球化问题中的作用。（帝国理工学院官网及文献资料）
加州大学伯克利分校	设有国际办公室主任，并且分设信息技术和资源管理、国际学生服务、国际学者服务、国际学生就业服务及国际客户服务5个主要部门；提供国际学生顾问；提供超过50个国家的270多个国际学习与合作项目。（加州大学伯克利分校官网及文献资料）
剑桥大学	设有国际化策略办公室；设立全球性的学习课程。（剑桥大学官网及文献资料）
加州理工学院	暑期本科生研究交换计划；各种国际交换合作、学习项目，如剑桥学者项目（Cambridge Scholars Program）、哥本哈根学者项目（Copenhagen Scholars Program）、巴黎理工学院学者项目（École Polytechnique Scholars Program）等。（加州理工学院官网及文献资料）

续表

来源	合作相关理念与典型实践
佐治亚理工学院	追求多元化、包容性的校园文化，本科强调国际化教育，有丰富多样的国际教育项目：一是学期交流项目；二是暑期交流项目；三是双学位项目；四是联合培养项目，以研究生培养为主。（佐治亚理工学院官网及文献资料）
苏黎世联邦理工学院	设有国际办公室，同时设有全球事业转换部、全球教育事业部、通信部、项目管理和财政部四大部门；融入国际学术界；设立学生学术项目（交换项目、研究项目和暑期学校），促进外部研究与学术合作；搭建国际知识库。（苏黎世联邦理工学院官网及文献资料）
新加坡国立大学	国际化协同中秉承"无墙文化原则"，向全球引进优秀师生；设有专门的全球师资招聘部门，50%的教师来自全球100多个国家，还设有全球关系工作室（Global Relations Office）；和国际一流高校建立科研与人才培养合作关系。（新加坡国立大学官网及文献资料）
中国香港科技大学	建校之初就创建了国际化的教学队伍，2016年QS世界大学综合排名中"国际教师比例"指标排名第一；赛马会高等研究院提供世界顶级科学家和学者间的知识互动平台；全球范围内已拥有300多所学生交换合作高校。（中国香港科技大学官网及文献资料）

  哈佛大学设立校长创新基金来支持哈佛学院的学生出国进行学术交流。在商学院，甚至要求一年级学生在假期进行国际访问，积累国际经验，并且在课程中加大了国际案例的比例。另外，哈佛设立了国际事务办公室与全球支持服务办公室，为学生和教职员开展国际化活动。在科研国际化方面，哈佛大学有超过2 000个跨国际活动，还设有跨国际研究中心；在课程国际化方面，哈佛大学提供超过使用70种不同的语言进行教学国际化，从非洲语系到东部地区语系再到罗马语系等[1]。作为一所国际性大学，帝国理工学院几乎有

---

[1] 王敬涵. 关于哈佛大学国际化建设现状的思考 [J]. 现代企业教育，2015（02）：146.

一半的学生来自全世界 50 多个国家与地区，学生的多元背景使得帝国理工学院不断提高包容性和多样性。帝国理工学院更关注自身在解决全球化问题中的作用，所以它与国际著名组织和机构开展广泛的合作。麻省理工学院在 1980 年开始对工程教育发起教学改革，其中一个核心就是"拓展国际合作，追求学术卓越"。1994 年，MIT 在 Suzanne Berger 教授的带领下开始"国际科学技术合作项目（MIT International Science and Technology Initiatives）"，并设立基金让其学生与世界各国高水平大学开展交流、实习和科研合作。目前，MIT 已与中国、法国、德国、日本等 16 个国家形成了合作方案，在每一方案中都存在一个或多个资深人士担任领导以确保教育质量。MIT 还专门成立了"全球教育与职业发展中心"（The Global Education and Career Development Center），专门负责协调和管理本科生全球教育计划[①]。

剑桥大学在全球范围内开展研究，并为学生提供全球性的学习课程，进行全球性的知识交流与合作[②]。剑桥大学中专门负责制定国际化战略的机构是国际化策略办公室。斯坦福大学也是一所国际性大学，现已招收来自美国 50 个州和 91 个其他国家的学生。它建有国际学生服务中心，其使命是通过自己的工作和服务致力于提升斯坦福大学的世界知名度，提高斯坦福大学作为一所全球性大学的地位。苏黎世联邦理工学院将自身定位为一个融入国际学术界的机构，2017 年，泰晤士高等教育大学将该校列为全球国际化程度最高的大学。它的国际化举措包括设立国际办公室（副校长领衔团队）、搭建国际知识库、开展合作研究、设立学生学术项目（交换项目、研究项目和暑期学校）等。新加坡国立大学设有专门的全球师资招

---

① 莫甲凤，周光礼. 能力、整合、国际化：麻省理工学院工程教育的第三次教学改革 [J]. 现代大学教育，2016（04）：47-54+112.

② 王雪双. 世界一流大学的国际化策略选择——以剑桥大学、牛津大学、伦敦大学为例 [J]. 世界教育信息，2015，28（17）：56-61.

聘部门，团队会奔赴全球各地进行招聘，还设有全球关系工作室（Global Relations Office），用来保障学生在国际交流项目中的培养质量。

为了构建世界卓越工学院及相应运行管理机制，在与国际各主体开展协同育人的过程中，要探索多种协同模式以弥补我国高校国际化程度普遍相对偏低的问题。顶级工学院创新协同的关键是跨越技术产业中的"死亡之谷"，这个过程就需要全球性智力与资源输入，探索不同类型的国际合作模式。参加国际合作平台、搭建国际人才培养平台、构建海外学科或研究伙伴关系是促进国际协同的重要形式，这不仅表现在顶级工学院探索应对国际协同的组织结构与制度模式上，也涉及合作内容与方式的顶层设计。例如，苏黎世联邦理工学院在组织结构上设有国际办公室，同时设有全球事业转换部、全球教育事业部、通信部、项目管理和财政部四大部门进行协同支撑。在国际协同模式上则采取了学生学术项目（交换项目、研究项目和暑期学校）、外部研究与学术合作及搭建国际知识库等实践活动。问卷调研表明，有58.3%的被调研者认为未来教育的人才培养变革中，学校治理最需要关注的地方在于需要关注国家战略与国际化合作并培养高质量国际化人才。

我们还需要特别思考数字技术下的教育变革与实践。数字技术给教育带来了巨大变革。它不但以更高的灵活性及更多元的方式帮助高校实现了个性化、数字化、终身化教育的价值理念，而且还重塑了课程教学体系、专业规划、多元价值主体协同等关于教育的方方面面。一方面，数字技术促进了新兴专业如人工智能、大数据等方向的发展，而且通过它可以重新设计全球教育体系。另一方面，它使得线上线下协同教学混合模式成为一种新趋势，虚拟现实及混合现实技术塑造了强交互性的教学环境，大数据技术记录了学习者的学习轨迹，可帮助有效评价并优化学生的学习行为，人工智能加速了教育体系的结构性变革，并可研发符合高校人才培养特色的学业成果测评机制，以及具有分析功能的技术工具。区块链技术预示了教育价值实现的新型协作框架，移动学习技术强化了学习的连接性、网络性和及时性[①]。数字技术让不同价值主体之间的连接与互动更实时高效，如哈佛大学与浙江大学的跨国VR远程教学、多用户虚拟环境学习等。再如，在疫情期间，远程面试及视频技术被众多高校采用，进行研究生人才的培养，有效连接了学生与高校老师，因而，在未来，基于多数字技术支持的在线人才选拔的研究和实践非常值得探索。尽管技术对教育带来如此大的变革，但根据我们的调研，不少教师并没有意识到数字技术的价值。在未来，让教师认识到数字技术的重要性并开展行动是一件比较紧迫的事情。

在我们的调研当中（见图1-4），从整体看，"增强现实与虚拟现实技术，提供场景学习新体验""人工智能/机器学习的应用，支持服务师生，协同教学""开放教育资源，让师生公开免费使用"及"线上线下教学混合设计，提升学习体验感"是被调研者认为对于高质量人才培养具有重要意义的技术方向。相对来说，企业更看重数字技术的作用。我们同时对远程/在线教育的模式选择、困难、优势和未来方向进行了调研。结果表明，绝大部分的被调研者都认为未来教育模式需要融入线上教育，仅1.4%认为只需要线下教育。目前来看，大多数被调研者（76.3%）更偏好"线下教育为主，线上教育为辅"。但同时，有12.9%的人认为线上、线下教育应该各占一半，甚至有9.4%认为应该"线上教育为主，线下教育为辅"。可以看出，线上教育模式几乎成为未来教育的必选项。另外，大部分人都认为远程/在线教育的优势在于增加了多元学习场景，提供了灵活、自主的学习机会，并降低了学习成本。而其困难在于现在无法

---

① 陈锋. 技术革命驱动教育变革：面向未来的教育. 中国高等教育微信公众号，2020-10-16.

有效监督学习进度与效果（68.3%的样本选择）、缺乏有效的师生互动（78.4%的样本选择）。在未来，远程/在线教育的重点在于构建开放共享的课程体系、利用智能技术进行学习行为分析和优化，让学校与教师思考如何更好地应用技术（包括AR、机器人、区块链等），并致力于提高师生互动效果。

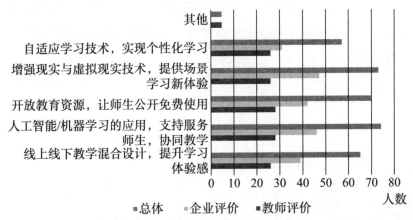

图1-4　工程人才培养过程中对于高质量人才培养具有重要意义的技术方向

同时，需要注意的是，在技术变革教育的过程中，应极力避免"技术中心法（Techno-centric Approach）"，主动采用"社会技术法（Socio-technical Approach）"[1]。前者是指将新技术看成所有问题的解决方案，单纯的唯技术至上。后者是将技术产品的使用看成是社会、组织、人与工具互动的结果，将理性融入技术应用。在社会技术法的应用中，更应考虑的是以使用者为中心，以服务、激发使用者潜能为宗旨。

在未来，世界卓越工学院一定能够培养出顶级工程人才。国家环境、国际形势、工程教育发展趋势使得世界各国都开始致力于构建顶级工学院和顶级工程人才培养体系。纵观世界一流工学院建设

---

[1] 杨现民，潘青青，李冀红，李馨，赵云建.利用技术变革教与学——访哈佛大学教育技术专家克里斯·德迪教授[J].中国电化教育，2016（03）：1-7.

和人才培养实践，它们的领先实践基本体现了以人为本的人才培养使命、愿景和理念及个性化、目标导向的专业学科与课程体系。同时，它们致力于培养两类顶级工程人才，即"工程科学人才"（如以麻省理工学院、佐治亚理工学院等为代表）及"卓越引领型工程师"（如以欧林工学院为代表）。在两类人才的培养中，跨边界（包括大学国际化、实践融合及产学研用联盟等）成为其运行的核心特征。数字时代的技术赋能也让协同培养两类顶级工程人才的效率大大增加。

第二章
工程人才的创新型本科培养模式研究[①]

> 重要的是,要让学生对"价值"有所理解并获得切身的感受。
> ——阿尔伯特·爱因斯坦(Albert Einstein)

第一节 工程人才教育与改革

2021年3月,《自然》子刊《人类行为》发表了一篇针对中国、俄罗斯、印度和美国工科学生的研究报告(以下简称"四国比较报告"),这项研究持续了多年,超过3万名本科生参与了此项研究。报告指出,大学正是通过对学生高阶思维和学术能力的培养而对经济发展和国家竞争力产生增益作用;在工科教育中,不同国家的制度与宏观环境对学生培养也会产生不同影响。这一国际比较的现实结果是,在本科生培养阶段,中国工科学生的能力出现"不进反退"现象,主要表现在学生批判性思维能力和学术能力(主要是数学与物理)上。事实上,在刚进入大学及在大学前两年时,中国工科生的批判性思维力与美国相差不大,而且在学术能力与批判性思维力上要强于印度和俄罗斯。但经过大学四年后,中国工科本科生的批判性思维力出现了显著下滑,学术能力也有所下降[②]。与此相反,美国学生的提升最大。印度与俄罗斯的学生在大学四年后学术能力有所提升,而批判性思维力基本没有提升,但也没有出现下降现象。

---

① 感谢高等理科教育改革课题组数据支持。
② Loyalka, P., Liu, O.L., Li, G. et al. Skill levels and gains in university STEM education in China, India, Russia and the United States. Nature Human Behavior (2021). https://doi.org/10.1038/s41562-021-01062-3.

早在2014年,教育部高等教育教学评估中心就研制了《中国工程教育质量报告(2013年度)》(以下简称《报告》)。《报告》从培养目标达成度、社会需求适应度、办学条件支撑度、质量监测保障度、学生和用户满意度等指标进行了分析(见图2-1)。图中显示了工科专业在课程体系、持续改进、毕业要求、培养目标、师资队伍、学生、支持条件等7个方面的国际实质等效标准评价。而《报告》数据显示,在前三项上完全达标占比不到60%,后四项上完全达标占比将近80%。总体来看,工程教育基本支撑了我国工业化进程的需要,工科专业培养目标基本达到国际实质等效的质量标准要求。尽管四国比较报告发现中国工科本科生培养的窘境,但它也承认中国为世界劳动力市场创造了很多高质量工科人才。

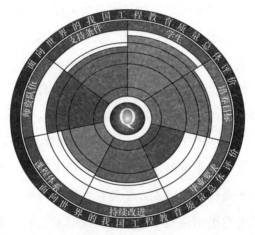

图2-1 中国国际实质等效标准下的工程教育质量

资料来源:中国工程教育质量报告(摘要)[N]. 中国教育报,2016-04-08(006).

《报告》也指出,我国工程教育在法规制度保障、人才培养理念与模式、校企合作办学等方面与西方还存在明显差距,工科学生学习性投入情况整体不容乐观,不能适应新时期下对学生创新能力与前沿知识的要求。虽然我国每年培养的工程人才总量庞大,每年培养的工科毕业生总量超过世界工科毕业生总数的1/3,但支撑产业升级的人才储备尤其是高层次、创新型工程技术人才明显不足[①]。而发表在《自然》子刊的"四国比较报告"也表明[②]，中国工科生的批判性思维能力与学术能力培养亟待提升以更好地促进经济发展，中国高校应在大学后两年提供更多的主动性指引与教育。

　　2017年2月18日，在教育部组织下，北京大学、南京大学等40所高校参加了在复旦大学举办的关于高等教育发展的战略研讨会，达成十点"复旦共识"，认为我国高等工程教育改革发展已经站在新的历史起点，需要高校加快建设和发展新工科，也需要政府和社会力量的积极参与，将研究与实践紧密联系起来。在此次研讨会上，新工科概念成为被重点讨论的议题。随后，高等教育司发出《关于开展新工科研究与实践的通知》，对新工科主要内容、组织方式、牵头单位及时间安排等进行了全方位部署。2017年4月8日，教育部在天津大学召开新工科建设研讨会，并确立了新工科建设方向，期望培养造就一大批多样化、创新型卓越工程科技人才，简称"天大行动"。同年6月9日，教育部在北京审议通过《新工科研究与实践项目指南》，提出新工科建设指导意见，号召着力"九个一批"，将新工科建设更加制度化，简称"北京指南"。这一系列行动开拓了工程教育改革的新路径，也让大学开始探索创新工程人才的培养之道。新工科是推动本科人才培养模式改革的重要抓手，原教育部部长陈宝生更要求高校坚持"以本为本"，把本科教育放在人才培养的核心地位，加快建设高水平本科教育。

　　本科教育是人才培养的核心任务，本科生是高素质专门人才培养的最大群体。工程本科教育决定着未来科技创新领军人才的前瞻性和战略性培养，决定着各国能否抢占未来科技发展的先机。

---

① 瞿振元.推动高等工程教育向更高水平迈进[J].高等工程教育研究，2017，（1）：12-16.
② Loyalka, P., Liu, O.L., Li, G. et al. Skill levels and gains in university STEM education in China, India, Russia and the United States. Nature Human Behavior (2021). https://doi.org/10.1038/s41562-021-01062-3.

一、工程人才教育模式的挑战

在新工科建设推行几年后,为了全面深入了解相关"工程人才"情况,北京大学未来教育管理研究中心联合中国工程院开展了"顶级工学院人才培养及建设"的调研,对国内国际顶级高校的老师及企业界人士进行了问卷调研,并对教育领域相关专家学者进行了半结构化访谈。最后,我们回收的有效问卷的被调研者包括 65 名高校老师、11 名企业基层员工、63 名中高层管理者。调研结果反映的一个总体情况是,绝大部分的被调研者(90%)认为在数字化时代下,国内工程人才的培养模式应该进行变革。而且我国工程人才培养目前存在"缺乏行业引导与支持,学校与学校、企业、科研机构等合作较差""人才培养方案、课程体系及教学互动不合理,难以培养高质量人才""学校办学理念、专业定位与设置脱离社会需求""缺乏新技术融入,知识更新缓慢""学生与教师评价制度单一,无法激活学生和老师"等问题(见图 2-2),这也是我国工程教育模式学习模仿苏联模式出现的结果。

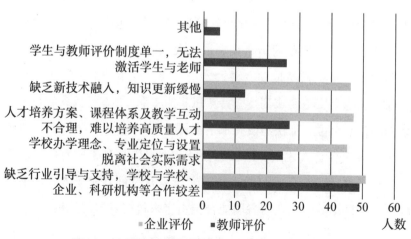

图 2-2 中国工程人才培养面临的挑战、困难与瓶颈

数据来源:2020 未来教育管理研究中心数据调研。

注:企业评价与教师评价分别由企业人员和大学教师进行问卷填答。

根据调研结果和实践观察，我们总结目前工程人才培养面临四方面的主要问题。

人才培养目标定位与理念不清晰。人才培养的目标定位和理念是"顶层设计"的内核，如果培养目标不清晰、不准确，人才培养路径的战略选择就会出现问题。我国工程人才的培养目标经历了"培养工程师与技术人员""完成工程师基本训练""培养德智体全面发展的高级工程人才"及"注重工程科技人才创新能力与实践能力"等阶段[1]。在人才培养目标和理念上，以往更多的是从宏观尺度与国家发展角度来设计培养方案，缺乏对学生主体的关注。在数字化时代，人才培养更应以激活学生潜能为导向，激发学生的主动性与创造性，以成果输出和持续完善为标准。事实上，"以学生为中心""成果导向教育（Outcome Based Education，OBE）"及"持续质量改进"等已成为国际主流培养理念与标准[2]。人才培养目标需要将国家战略、社会发展及学生兴趣充分结合起来。

协同育人机制不完善。无论是高校老师还是企业人士，他们都认为，学校的内外协同培养成为目前制约人才培养的一个关键因素。我国需要构建"政府—学校—企业—行业"协同育人模式，在协同育人机制中，政府要发挥引导赋能作用，引领构建一致的协同目标体系，这是非常关键的一步。同时，校企需要联动，面向企业与社会需求，校企共同制定人才培养标准和培养方案，并建设校企教师队伍协同机制，充分调动企业人员与高校老师联合培养的积极性。问卷调研表明，有59%的被调研者认为校企合作、产教融合情况表现一般甚至比较差。为了更好地实现教育、产业和人才培养的结合，被调研者认为需要"构建合理的学术科研及产业生态，让技术从产

---

[1] 教育部高等教育教学评估中心. 中国工程教育质量报告（2013年度）. MT机械工程导报，2015,（1）：45-49.
[2] 作者不详. 中国工程教育质量报告（摘要）. 中国教育报，2016-04-08(006):1-8. Doi: 10.28102/n.cnki.ncjyb.2016.001320.

生到应用不断裂""学校紧跟国家战略，培养具有使命感的满足社会需求的工程人才"及"以设计思维来设置跨学科的课程体系，真正激发学生的学习动力"。同时，协同育人模式要致力于构建行业的资源共享与沟通协同机制，在学生甄选、学生培养与发展等方面积累成功经验，并推进学生培养方案的持续改进与完善。

培养方案与课程体系设计不合理。 传统教育模式过分强调专业理论教学，忽视了实践教学和技能培养，而且相应的工科教育缺乏充足的跨学科学习与融合。一方面，工程人才的培养缺乏人文精神和跨学科设计，这会影响人才的创新意识、创新思维与行为。通用课程比例相对较少，不利于学生全面发展。"四国比较报告"认为，为了提升学生的学术能力与批判性思维力，中国、印度和俄罗斯的大学都应增加人文和社会科学课程。另一方面，工科比较强调实践应用性，需要设计更多实践与理论相结合的课程。目前，工程人才的培养方案与课程体系并不能有效激发学生的学习主动性。2014年的"高等理科教育改革课题组"的数据显示，学生在专业自主性学习、专业潜能激发及跨学科知识探寻上都表现不佳（见图2-3）[①]。而且，大学所培养的毕业生在问题分析、方案设计及沟通协同能力等方面还需要继续提升。

制度规范体系不健全。 为了促进"政产学研"的共赢与发展，制度保障仍需加强。在国家层面，教育部于2010年实施"卓越工程师教育培养计划"，逐步建立起了行业部门、高校和教育部门之间的制度化合作模式[②]。在该计划下，毕业生整体质量及用人单位满

---

① 总共有23 000多名工科学生参与了调研。其中，有64.5%的学生为男性。大一、大二、大三与大四及以上的学生比例分别为34.5%、28%、23.5%及14%。学生所就读学校中，"985"非C9院校的学生占比29.2%。

② 教育部.面向工业界、面向世界、面向未来，培养卓越工程师后备人才——教育部启动实施"卓越工程师教育培养计划[EB/OL]. [2010-06-23]. http://www.moe.gov.cn/jyb_xwfb/gzdt_gzdt/moe_1485/201006/t20100623_89996.html.

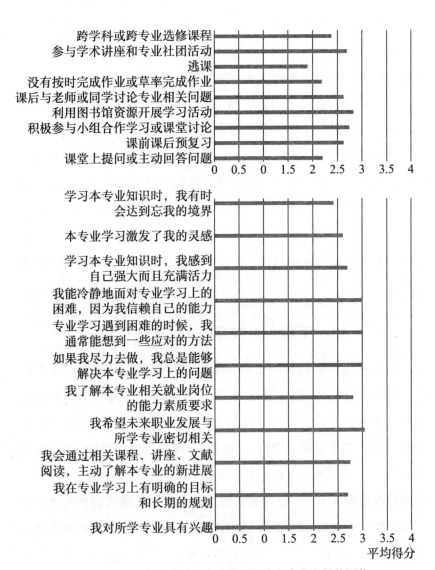

图 2-3 2014 年学生对于自身学习行为与专业兴趣的评价

资料来源：高等理科教育改革课题组数据。

意度都有较大提升。但同时，我们也注意到，国家层面的"卓越计划"需向地方辐射，带动省级、校级"卓越计划"工作的开展，进行分类实施，推进工程人才培养机制创新。在学校层面，教师与学生评价制度还需完善，现有制度较为单一，无法有效激活老师与学生的积极性。在行业企业层面，需要建立行业企业参与工科人才培养的长效机制。据《中国工程教育质量报告（摘要）》统计，企业在培养目标制定、课程体系修订等工科人才培养核心环节的参与数量比例不超过30%。而且32%的企业表示，迫切需要政府出台相关法律法规和财税优惠政策，推动企业更加广泛、深入、稳定地参与校企合作育人[①]。我们的问卷调研表明，53.2%的被调研者认为需要国家制定充分政策促进并保障产学研协同。在数字化时代下，远程教育与新技术支持及融合应用的发展也离不开政府政策及法律制度保障。

二、工程人才教育模式的未来核心

本部分探讨未来创新工程人才需要具备的关键能力。21世纪的工程师应具备"里昂的聪明才智，摩尔解决问题的能力，爱因斯坦的科学洞察力，毕加索的创造力，艾特兄弟的果断，比尔·盖茨的领导力，罗斯福的道德心，马丁·路德·金的远见和儿童的好奇心"[②]。

创新工程人才应该具备的特征是什么？"颠覆式创新"之父克莱顿·克里斯滕森（Clayton Chiristensen）认为，最具有创新力的人通常有五大"发现技能"，它们分别是联想、发问或质疑、观察、试

---

① 可参考：a. 教育部高等教育教学评估中心.《中国工程教育质量报告（2013年度）》. MT机械工程导报, 2015（1）: 45-49; b. 中国工程教育质量报告（摘要）. 中国教育报, 2016-04-08(006): 1-8.Doi: 10.28102/n.cnki.ncjyb.2016.001320.

② National Academy of Engineering.The Engineer of 2020:Visions of Engineering in the New Century [M]. Washing D.C. The National Academies Press, 2004.

验和建立人脉①。而著名教育专家托尼·瓦格纳（Tony Wagner）在《教育大未来》中指出，未来人才需要具备批判性思考与解决问题的能力、跨界协作与以身作则的领导力、灵活性与适应力、主动进取与开创精神、口头与书面沟通能力等 7 种关键能力②。美国工程院更是总结了 21 世纪工程师应具备的性格和能力，让我们认识到卓越工程师应具备的整体多元的素质和能力体系。

我们的调研数据表明（见图 2-4），问题发现、分析和解决的快速行动能力、创造能力及跨领域、学科合作协同能力是高校老师与用人单位认为未来工程人才最应该具备的三项关键能力。这与 STEAM（科学 Science、技术 Technology、工程 Engineering、艺术 Art、数学 Mathematics）教育理念高度吻合，该理念通过提供面向真实问题的融合多学科的教育，旨在培养学生的解决问题能力、创新能力与跨界综合能力。在数字经济时代，复杂现实问题愈发需要融合多学科的概念、原理、思路与方法来解决，因而未来工程人才相应地需培养设计思维能力、创造能力及协同能力这三大素养③。

用人单位认为信息技术能力也是未来工程人才需要掌握的又一项关键技能，但高校老师更加看重批判思维能力。信息技术给教育领域带来的变革巨大，它在教育领域的突出贡献就是促进在线教育发展及大学教学模式变革。在线教育是运用互联网、人工智能等现代信息技术进行教与学互动的新型教育方式，是教育服务的重要组

---

① 杰夫·戴尔，赫尔·葛瑞格森，克莱顿·克里斯坦森. 创新者的基因 [M]. 曾佳宁，译. 北京：中信出版社，2013.
② 托尼·瓦格纳. 教育大未来 [M]. 余燕，译. 海口：南海出版社，2013.
③ 白逸仙. 斯坦福大学 STEAM 教育的方向及启示 [J]. 中国高校科技，2018（11）：60-62.

成部分①。它有利于构建网络化、数字化、个性化、终身化的教育体系，有利于为建设"人人皆学、处处能学、时时可学"的学习型社会服务。掌握一定基础的信息技术能力是工程人才在未来需要具备的关键能力之一。

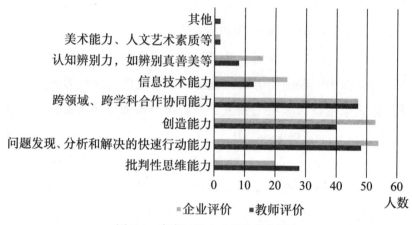

图 2-4　未来工程人才应具备的能力

资料来源：2020 未来教育管理研究中心数据调研。
注：企业评价与教师评价分别由企业人员和大学教师进行问卷填答。

《报告》的数据显示（见图 2-5），中国工程毕业生的设计/开发解决方案、沟通两项能力存在明显"短板"。《报告》还指出，仅 64% 的专业毕业生具备较强设计或开发解决方案的能力，63% 的专业毕业生具备较好的沟通能力。在努力坚持解决难题的素质，发现与解决问题的能力，喜欢探索复杂、新奇的事物及批判性思维等方面，高等理科教育改革课题组的报告数据表明，分别有 23.2%、25%、23.9% 与 22.3% 的工程人才被认为有很好的进步。同时，仅有 34% 的被调研者在现代信息技术获得和处理信息的能力上取得明显进步。这些关键能力都是面向未来的工程人才培养需要加强的地方。

---

① 来自教育部、中央网信办、国家发展改革委及工业和信息化部等 11 个部门于 2019 年 9 月 19 日联合发布的《教育部等十一部门关于促进在线教育健康发展的指导意见》。

第二章 工程人才的创新型本科培养模式研究

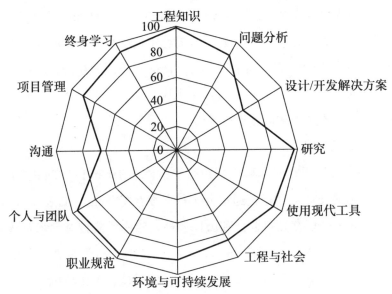

图 2-5 中国工程毕业生能力比照国际标准达成情况

资料来源：中国工程教育质量报告（摘要）。

第二节 国外顶级本科工程人才培养的模式

一、美国创新型本科工程人才教育

（一）哈佛大学的本科教育改革与举措

哈佛大学成立于 1636 年，但直到 1869 年艾略特（Charles William Eliot）担任校长前，哈佛大学都比较保守，一直维持小型学院的运作。艾略特对哈佛大学进行了大刀阔斧的改革，从根本上使哈佛大学蜕变为现代综合型大学。但艾略特偏重研究生教育，导致哈佛大学的学术与科研地位越来越高，而本科教育的地位却日益下降，而且"自由选修制"也使得本科教育质量不断下降。于是当洛厄尔（Abbot Lawrrence Lowell）接任哈佛大学校长后，他就呼吁美国大学首先要从理念上明确本科教育的地位、目标和功能[①]。他认为，本科教育才是大学之根本，大学的灵魂生发于富有文化底蕴的本科教育，本科教育能够帮助学生获得广博的知识面和视野，获得清晰严谨的思维方式，并从容应对各种挑战。因而，哈佛大学也开始从多个维度对本科人才培养进行重构。

1. 治理方式

哈佛大学所有的本科生都由哈佛学院（Harvard College）统一管理，它的使命就是通过通识人文科学教育（liberal arts & sciences education）来培育社会公民和公民领袖。哈佛学院设有学术资源中心（Academic Resource Center），该中心帮助本科生全方位接触自由式人文科学教育，并帮助他们获得同伴支持、工作坊机会、学术指导及技能资源。哈佛大学教师和学生都比较民主地参与学习管理。哈佛大学的大一新生不进入专业教育，本科生到大二秋季学期才被要求申报自己的专业，并且在整个本科学习过程中随时可以更改，直到毕业典礼前一个月。在教学治理方面，哈佛大学还试图通过创建"哈佛大学学习和教学计划"将"教与学"制度化以持续推进教学的创新发展。

2. 课程选修制度

目前，哈佛大学建立了"集中与分配"的课程选修制度。"集中课程"是指专业课程，而"分配课程"指普通课程，包括通识教育与选修课程。前者帮助学生建立系统深入的专业基础知识，后者帮助学生建立广泛的知识面。每个本科生就读期间必须完成规定的主修课程，必须"集中"在某一学科领域和专业领域中，同时要完成

[①] 可参考 a. 牟娟，赵汝木，田山俊. 哈佛大学本科教育改革世纪考察 [J]. 当代教育科学，2012（07）：43-46；b. 邓磊，刘丹. "大变革时代"的哈佛大学本科教育改革 [J]. 高等教育评论，2019，7（02）：78-89.

"分配"的课程，这一般需要在本专业以外的领域中去选择①。例如，哈佛大学本科生必须从"美学与文化""道德与公民""历史，社会，个人"及"社会中的科学与技术"等四大门类中选修一门课程。从2019年开始，还需要完成自然科学、社会科学和人文科学三个领域中各一门课程，还要完成数据分析、写作和语言等方面的课程（见图2-6）。课程制度在一定程度上解决了本科生"专"与"博"的矛盾。哈佛大学规定所有本科生都要接受人文社科及自然科学的课程教育，本科生的最低标准是需要读懂《科学》（*Science*）和《自然》（*Nature*）等专业科学期刊文章。

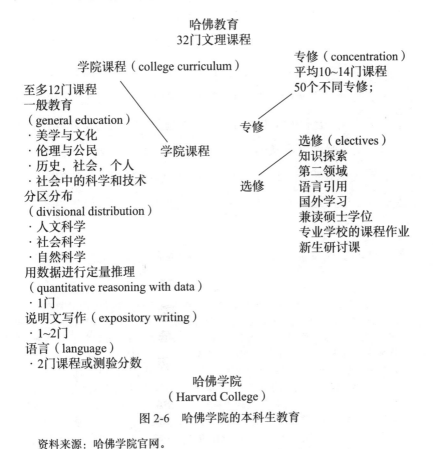

图 2-6 哈佛学院的本科生教育

资料来源：哈佛学院官网。

---

① 郭英剑. 哈佛学院，本科教育的智性变革 [N]. 中国科学报，2018-11-06（007）.

3. 本科生荣誉学位制度 ①

哈佛大学设立了荣誉学位制度，达到要求者即可获得荣誉学位。为鼓励学生争取荣誉学位，哈佛大学规定，获得荣誉学位候选资格的本科生，可以免修第四学年的一半或全部课程，专心致志地准备毕业论文，在此期间学生可接受专业教师的指导，就感兴趣的学科或专业做深入研究。大约有一半的学生会选择进入专业中的荣誉课程体系，未来可以带着"优秀毕业生"的荣誉走出校门。他们中大部分学生都会选择完成非必需的毕业论文或者完成一对一教授辅导的科研项目②。荣誉学位制度将竞争机制引入哈佛大学中，不仅激励了本科生的学习积极性，而且越来越多的学生投入自己感兴趣的专业研究中。

哈佛本科教育的核心是以学生为中心，学校及老师会在教学过程、生活管理、学术指导等方面给学生提供全方位的实际支持和帮助③。例如，充分利用线上教育平台，开发以学习者为中心的在线教育资源，支持哈佛大学教师在 edX 平台上开发课程资源。截至 2020 年，哈佛大学共推出 625 门在线课程，吸引了数百万名学习者，让学生更方便地进行线上学习。而且，通过在线的"学习实验室"Bok Center，学生能自由设计学习教育课程。同时，学校也为本科生提供各种学术资源及横跨很多学科与领域的项目研究机会，从研究助

---

① 可参考：a. 过勇. 本科教育的组织模式：哈佛大学的启示 [J]. 高等教育研究，2016，37（01）：64-73；b. 白强. 走向世界一流大学的改革逻辑与启示——以哈佛大学百年改革为例 [J]. 教师教育学报，2017，4（01）：112-118；c. 郭英剑. 哈佛学院，本科教育的智性变革 [N]. 中国科学报，2018-11-06（007）.
② 郭英剑. 哈佛学院，本科教育的智性变革 [N]. 中国科学报，2018-11-06（007）.
③ 可参考：a. 徐梦杰，张民选. 美国大学国际组织高层次人才培养研究——以哈佛大学肯尼迪政府学院为例 [J]. 比较教育研究，2018，40（05）：33-42；b. 杨现民，潘青青，李冀红，李馨，赵云建. 利用技术变革教与学——访哈佛大学教育技术专家克里斯·德迪教授 [J]. 中国电化教育，2016（03）：1-7；c. 沈成飞. 在自由与规范之间——哈佛大学的课堂教学、学术交流之见闻和思考 [J]. 历史教学问题，2014（05）：129-131.

教到独立的研究者，哈佛大学为本科生提供各项指导与支持。比如，哈佛大学为学生提供的研究项目在时间上分成学期研究和暑期研究两类；在类型上分成社会科学实验项目、市场与组织研究项目、科学与工程研究项目、人文艺术研究项目、全球医疗卫生研究项目等种类，学生可结合自己的兴趣并根据不同项目的目标、内容、形式与考核标准等自主选择想加入的研究项目。

（二）斯坦福大学的"适应性教育"

2010 年，斯坦福大学开始了一轮周密的本科教育研究工作。经过两年的系统调查，他们在 2012 年发布了《斯坦福大学本科教育研究报告》，提出要制定适应性学习的本科教育目标，通识教育从基于学科模式向基于能力模式转变，课程体系也要更多地与现实生活融合，并给学生创造更多自由学习的机会[①]。在 2023 年《美国新闻与世界报道》（U. S. News）全美最佳本科工程教育（Best Undergraduate Engineering Programs）及最佳工学院（Best Engineering Schools）排名中，斯坦福大学均排名第二。

1. 教育理念变革

斯坦福大学于 2015 年正式推出了基于教育理念变革的《斯坦福大学 2025》计划（以下简称"2025 计划"）[②]，主要提出了开环大学（Open-loop University）、自定节奏的教育（Paced Education）、轴翻转（Axis Flip）及有使命的学习（Purpose Learning）这 4 个概念。开环大学创新性地解除了入学年龄的限制，这是区别于传统闭环大学（18～22 岁学生入学，并在 4 年内完成本科学业）最主要的一

[①] 可参见：a. 孟艳.《斯坦福大学 2025》计划：高等教育人才培养模式的革命式变革 [J]. 现代教育管理，2019（11）：124-128；b. 朱秋月. "能力本位"应用型人才内涵、特征与实现路径——基于《斯坦福大学 2025 计划》的启示 [J]. 教育学术月刊，2019（08）：20-26.

[②] 资料来源：http://www.stanford2025.com/#intro.

点。还有一个最重要的特点就是终身学习，4年的本科阶段也扩充到人生任一阶段的6年加总，学生可以自由地选择学习和工作时间，而且还可以作为实践专家返校，丰富学校生活。

自定节奏的教育是根据学生兴趣与知识结构等选择适合的教育。在传统大学中，本科生按照一到四年级划分形式，而"2025计划"决定打破陈旧的四年级划分，代之以"CEA"三阶段的划分形式，即调整（Calibrate）、提升（Elevate）和启动（Activate）。学生可根据自身情况决定是否进入下一阶段的学习，并可以在6年的学制中在这三个阶段循环学习。在学习阶段中，教师和学校会充分为学生赋能，如学校为学生组建个人顾问委员会，包括学术导师、产业专家教练、个人导师以及亲密的同学和信任的伙伴，并帮助学生构建个性化的、适应性的学习方式，尊重学生并挖掘其潜能。

"轴翻转"是指为了真正回归到"学生本位"与"能力本位"的教育模式。"2025计划"指出，将"先知识后能力"反转为"先能力后知识"的教学，并从教学内容、教学方式、评价方式等维度进行"翻转"，真正实现以学生为主体的能力培育。同时，计划按照学生能力差异为标准重新建构院系，把原来的专业院校结构转为能力中心体系。

有使命的学习是让学生带着目的和使命感去学习。学生通过研究和项目去追寻意义和影响力。例如，在2017年，斯坦福开展了"陈述使命，而不是专业"的项目，让学生带着使命感学习。有使命的学习设计让教师和学生一起沉浸在解决全球性挑战的"影响实验室"构建中，他们一起学习讨论，直面自然环境中存在的现实问题。如斯坦福大学、麻省理工学院和印度理工学院进行了一项十年协同合作的项目，致力于完成"登月计划（moonshot）"目标，即让东南亚各国的每个公民都能获得清洁的水。对于学习能源资源工程的斯坦福大学学生来说，他对外的身份表述不是"主修能源资源工程专业",而是类似"学习能源资源及相关科学,以更好解决全球性能源问题"这样的说法。斯坦福每10年会重新选择7个重大全球性课题,并召集不同领域的教师以这些重大问题为抓手为学生开设相关课程①,让学生能真正带着使命感参与其中,并在一定程度上理解甚至解决相关问题。

2. 交叉学科课程体系、跨学科教育与学术机会

斯坦福大学发现,那些最有影响力的课程往往是交叉学科。因而,"2025计划"指出,到2024年,斯坦福大学商学院将设立一系列的教学中心,包括科学分析与定量推理教学中心、社会调查教学中心、道德推理教学中心、审美解读教学中心、沟通有效教学中心等②。这些教学中心也将负责交叉学科的开发与建设。《斯坦福大学本科学位计划》中明确规定,一个结构合理的专业课至少应该占据学生专业计划的1/3,同时主修课程也不得超过计划的2/3。另外,专业学习计划不得使学生在单一学系内修习超过计划1/3的课程③。不同学院或学系之间互开选修课,增加了本科生的视野,其中文学院就为全校本科生开设了6 000多门课程。

在工程人才的跨学科教育中,斯坦福大学投入巨大,并一直在实践创新。斯坦福大学的跨学科教育表现为宏观上的跨学科主体网络构建:七大学院同校而设,学科组织相邻的空间优势方便各学院之间开展多样化的合作,比如课程开设、课题研究、发明创新等。斯坦福大学各种教学计划中40%都具有跨院系或跨学科的特点。此外,校园中还设立了18个独立的跨学科研究中心及实验室,涉及环境、经济、能源、医疗等各大领域,大学七大学院的教学科研人员

---

① Nesbit, T. Students Travel To 2025 To Question: The Future of Higher Education[EB/OL]. http://www.psfk.com/2014/05/stanford2025-future-education.html.
② Paced education[EB/OL]. http://www.stanford2025.com/paced-education.
③ Undergraduate Degrees and Programs. [EB/OL].https://exploredegrees.stanford.edu/undergraduatedegreesandprograms/.

全都参与其中。由此，斯坦福大学形成了稳固的跨学科网络，全校的资源实现了共享与整合。

斯坦福大学还专门设置如联合专业培养学位、自主设计学位等跨学科学位。例如，斯坦福大学针对本科生开展的"CS+（计算机科学学科与人文科学学院联合形成的一些特殊专业）"，它是联合专业培养的一种形式，现已增设 14 门"CS+"专业[①]。每一种联合专业或自主设计学位都有自己的交叉学科课程体系及培养目标。

斯坦福大学的学生有很好的学术锻炼机会。例如，本科培养的 SLE（Structured Liberal Education）项目就是一项鼓励培养批判性思维和协同交流的学术项目，它涉及多学科尤其是哲学、宗教、文学等，该项目还设计了多元的课程体系。此外，本科生还有一些研究实习项目、研究性课程、荣誉论文项目和自主研究项目等机会。学校为学生配备了学术指导老师，全方位帮助本科生开启学术生涯。更为重要的是，斯坦福校园里思考科学最前沿的问题已成为校风，而邀请顶级的学者进行学术讲座已成为常态。高层次的学术讲座激发了学生内心深层次的探求欲望，让他们更容易在科学最前沿进行选题研究。

3. 实践融合

无论是在教育理念还是在教育实践上，斯坦福大学都比较重视企业在工程人才培养中的协同发展[②]。在培养目标上，斯坦福大学工学院提出要将技术转化为生产力，将好想法应用于实践，并帮助

---

① http://www.stanford.edu/academics/programs.[2016-09-04]
② 可参见：a. 郑刚，郭艳婷. 世界一流大学如何打造创业教育生态系统——斯坦福大学的经验与启示 [J]. 比较教育研究，2014，36（09）：25-31；b. 肖凤翔，陈凤英. 斯坦福大学工程教育创新发展：缘由、路径及启示 [J]. 高教探索，2020（02）：48-56；c. 张春晏. 斯坦福的界与无界——斯坦福大学沈志勋教授专访 [J]. 清华管理评论，2017（04）：8-16.

学生成为促进世界更好发展的领导人[①]。工程教育脱离不开实践，因而，斯坦福大学会开展以实践导向为主的项目课程，如技术投资项目（Stanford Technology Ventures Program），并以增加学生在不同企业中的技术实战经验为目标。依托政府的相关政策，斯坦福大学与企业之间逐步形成规范化、程序化与制度化的协同发展道路，与实践融合也是斯坦福大学能成为"硅谷发动机"的重要原因。

（三）欧林工学院的人才培养"实验室"

在美国工程界，欧林工学院被认为是推动传统工程教育改革最为彻底，且工程教育改革卓有成效的工程人才培养标杆，受到全球的关注。虽然1997年才创办，2001年才正式投入运营，但欧林工学院在工程人才培养方面的名声及排名却迅速攀升。欧林工学院在工程人才培养方面独具特色，它只有本科生，且每年只招收80多个学生。它的教育理念、课程体系、教学方式及培养路径都比较先进。它成立的初衷就是成为一个工科STEM教育的实验室，现在欧林工学院已成为全球工学院的以项目为基础、以设计为中心的教育典范。它的毕业生被顶级企业及哈佛、MIT等名校录取，在《全球一流工程教育发展现状》（The global state of the art in engineering education）报告中，工程教育权威专家甚至把欧林工学院排在了MIT、斯坦福等名校前面[②]。

1. 教育理念

欧林工学院创校校长理查德·米勒（Richard Miller）认为，我们的学生不仅要能够掌握知识、能够创造，同时还要产生新的想法，

[①] School of Engineering. Imagine the Future[EB/OL].[2019-01-27]. http://engineering Stanford. Edu/about/index.html.
[②] 教育：知名工学院欧林的三个办学特色[EB/OL]. [2019-05-15]. https://www.sohu.com/a/314028669_100268083.

有创新的思想,"教育并不是要灌满一桶水,而是要点燃一团火"[①]。在对米勒进行访谈后,于海琴等总结出欧林工学院教育理念的四大原则,包括基于实验、注重实践、保持改变、聆听学生[②],并得到米勒的高度赞同。欧林工学院的教育理念融于整个人才培养过程中。

2."欧林三角"的课程体系

欧林工学院的课程体系设计包括工程教育,还包括艺术教育和创业教育等方面,并会随着时间变化而改变。工程教育是通过项目制教学等方式向学生传递科学、数学及工程相关基础知识,艺术教育是培养创造力、创新和设计能力,创业教育是提供创业精神和创业思维训练。学生通过这三个维度的学习,既可以掌握本专业扎实的工程学知识,又可以获得智力的多元化发展,获得解决复杂现实问题的能力,并逐渐具备将想象付诸实践的企业家精神。

欧林工学院采用模块化课程设置,将课程划分为工程学、数学、科学及艺术人文社会创业四个课程模块,而学生每学期都可以根据项目和实际工程问题自由选择这四个模块的课程。但欧林工学院对课程模块的最低学分进行了规定。例如,学生在校期间须修满120个学分,其中,工程学课程模块不少于46个学分,数学与科学课程模块共不少于30个学分,其中数学模块不少于10学分;艺术人文社会创业课程模块不少于28个学分[③]。

3.项目制教学

在欧林教育实验室中,项目制教学成为最主要的手段,学生在具体项目情境中进行讨论学习。根据"欧林三角"课程体系,欧

---

① 理查德·米勒.重塑21世纪工程教育.微信公众号:未来教育管理研究,2020-01-16.
② 于海琴,陶正,王连江,Helen Haste.欧林:打造工程教育的"实验室"(上)——访欧林工学院校长理查德·米勒[J].高等工程教育研究,2018(03):45-52.
③ 李曼丽.独辟蹊径的卓越工程师培养之道——欧林工学院的人才教育理念与实践[J].大学教育科学,2010(2):91-96.

林工学院建立了相应的"知识传递三角模式",并通过课程与项目结合提高学生综合素质。例如,欧林工学院有一门课程叫 QEA（Quantitative Engineering Analysis,量化工程分析）,它由一个一个项目模块组成。它可以通过一个个项目把数学知识、物理知识、工程知识融合起来,让学生通过对知识的理解学习去解决实践问题,这样学生才能够真正地掌握相关知识。

从大一到毕业,欧林工学院的学生会有不少机会参与多个项目。所有学生都必须完成一年的项目,并将所学知识应用到问题解决上。欧林工学院为学生提供两种项目,其一是 SCOPE（Senior Capstone Program in Engineering,工程高级顶点项目）,它由公司和其他机构赞助,这些公司或机构带来的是需要工程解决方案的现实问题。其二是 ADE（Affordable Design and Entrepreneurship,可负担的设计和创业项目）,学生与各社区的人们合作,他们共同创造新产品以应对贫困带来的普遍挑战。欧林学生在毕业之前要完成 25～35 个项目[①],这些项目的参与使得很多学生在校时就开始运营公司,项目制的教学不仅让学生学习掌握了知识,还让他们找到自己的兴趣和人生的目标。

4. 全方位人才培养评价机制

欧林工学院以"课程竞争力"为核心,建立了一套具有欧林特色的人才培养评价机制（见图2-7）。它采用的是循环、非线性的人才培养评价机制,评估的维度包括学生、教师、学院、外部机构等[②]。竞争力档案（competency records）是学校建立并持有的,记录学生学术课程的测评结果及雇主信件等重要材料的保密档案。代表

---

① 于海琴,陶正,王连江,Helen Haste.欧林:打造工程教育的"实验室"（下）——访欧林工学院校长理查德·米勒[J].高等工程教育研究,2018（04）:40-44+71.

② Somerville M., Anderson D., Berbeco, H, et al. The Olin Curriculum: Thinking Toward the Future[J]. IEEE Transactions on Education, 2005, 48(1), 198-205.

作选辑（portfolios）是学生对自己参与的课程活动、研究、实习等的反思①。多维度评价保障了评价的全面性和丰富性，且该评价机制更加关注学生的学习过程及综合表现，这让课程体系的持续改进得以维持。

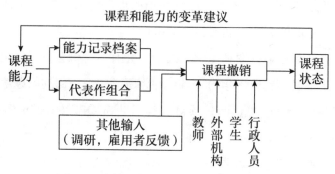

图 2-7 欧林工学院工程人才培养评价机制

资料来源：Somerville et al. (2005). The Olin Curriculum: Thinking Toward the Future. IEEE Transactions on Education, 48(1), 198–205.

经过十多年的发展，欧林工学院已有 1 000 多名毕业生。据统计，这些毕业生的平均工资比 MIT 的还要高，而毕业生创业的比例比斯坦福大学还高，还有一半的毕业生去了哈佛大学、麻省理工学院等高校攻读研究生。欧林工学院的成功来源于它真的以学生能力达成为中心，通过与实践相融合，不断创新课程与教学及评价方式，激发学生的学习兴趣，培育他们的梦想，让他们为社会体现自己的真正价值。

二、欧洲创新型本科工程人才教育

（一）牛津大学

英国的古典大学一流本科教育的理念基石是博雅教育（liberal

---

① 代玉，王贺欣. 中美新工科教育典型人才培养模式研究——以欧林工学院和天津大学为例 [J]. 河北大学学报（哲学社会科学版），2020，45（03）：78-86.

education），即重在培养统一人格和自由精神。牛津大学被学者称为"学院型大学"或"本科生大学"，它具有卓越的本科人才培养经验。

1. "浸润式"寄宿制教育

牛津大学实行寄宿制，导师和学生们一起在学院里生活学习，学生与老师互动频繁。而且学校设有学术正餐，学生须身着正式服装，外罩黑袍依次进入食堂[①]。在用餐过程中，教授、导师与学生们互相交流，并就特定问题进行开放性讨论。在牛津大学，学生深受绅士文化和精英文化的影响。在这样的环境中，本科生的潜能可以得到最大程度的发挥。

2. 导师制教学

在本科生教育中，导师制教学成为牛津培养精英式人才的核心。它与寄宿制教育相辅相成，通过构建高质量的平等互动、紧密联系的师生关系促进学生发展。一旦被牛津大学录取之后，学生到学院报到时，学院当局就会给他指定一位导师（Tutor）。导师会为学生安排学习计划，并进行充分交流，促进其学术进步。导师会要求学生每周都完成一篇导师课论文（tutorial essay），并提前交给导师以便正式讨论交流。导师发问，引导学生思考，学生也会根据实际情况提问，与老师互动，这成为导师制教学中的灵魂。导师课论文能让导师最大限度地关注每一位学生，并针对学生的个体差异开展因材施教的教育。在研究牛津大学导师制时，李东成发现："每一学生不止导师一人，按其专业所分之门类，别为导师数人，而任导师者所收弟子，多或20～30人，少则数人或十余人，分2～3人为一组，每周接见一次，命题作文，指示应读之书，批改课卷纠谬指正而外，相与探讨辩难，导师发问，诱导学生思索，学生质疑，乃得

---

① 杜智萍.英国古典大学一流本科教育的理念基石与实践保障——基于牛津、剑桥两校本科教育的考察[J].河北大学学报（哲学社会科学版），2020，45（01）：80-87.

导师薪传。"①长久以来,牛津大学导师总会用一些独特方法传授知识和智慧,激发思考,使本科生变得明智②。导师制的重点在于导师指导,为学生人格、创造性思维与批判性思维的全面发展提供指引,激发其强烈的内在潜能。

3. 跨学科教育

牛津大学为本科生设置了跨学科的综合性专业和综合课程③。综合课程的目的是将有学术价值的科目结合在一门课程里,促进文理学科交叉与渗透,扩大学生的知识面,满足学生不同兴趣的需要。以颇受欢迎的"哲学、政治与经济专业"为例,学生在第一年需要同时学习哲学、政治、经济三个学科,掌握每个学科的基本工具和方法。从第二年开始,学生可以三科并重,也可以集中学习其中一到两个学科④。

(二)帝国理工学院

英国帝国理工学院与剑桥大学、牛津大学、伦敦政治经济学院、伦敦大学学院一起被并称为"G5超级精英大学",它以工程、医科、商学而著名。而在工程学科方面,它甚至要超过牛津大学、剑桥大学等其他名校。它的本科教育以培养工程师的实践和创新能力为目标。在人员构成中,来自其他国家的学生和员工占比分别为56%和40%,因而,它在工程人才培养方面比较重视多元文化包容与跨界合作。

1. 教育理念

帝国理工学院一流本科建设的核心教育理念是推进主动学习,

---

① 李东成. 导师制:牛津和剑桥培育创新人才的有效模式 [J]. 中国高等教育,2001(08): 46+21.
② Ted Tapper, David Palreyman. Oxford and the Decline of the Collegiate Tradition[M]. London: Woburn Press, 2000:97.
③ 马进亮. 独具特色的牛津大学本科人才培养二元结构 [J]. 新课程研究(中旬刊),2013(08): 187-190.
④ 杜朝晖. 国外一流大学怎样培养创新人才 [N]. 中国教育报,2011-07-05(003).

无论是课程重构与学生教师考核，还是教学改革与校园教育文化建设，都紧紧围绕这一核心展开。要发挥学生的学习主动性，就需要真正地以学生为中心，尊重他们不同的背景和文化，让他们自主地进行学习和研究。

2. 实践导向的课程结构

帝国理工学院课程结构的核心是为学生提供足够的工业经验。因而，在课程设计中秉承的理念是促进学生工科经验积累，让他们更像工程师而不是学生，为他们提供世界一流的工程教育，使他们在团队技能、创新与解决问题能力、表达沟通能力和职业技能这四个方面取得巨大进步[①]。学校要求需明确告诉学生每一次考核与学习目标之间的关系，鼓励学生形成自我导向的学习策略。在学生课程成绩权重上，一年级基础课成绩占总成绩的1/6，二年级成绩占总成绩的1/3，而第三学年的专业课以及实践部分占总成绩的1/2。这也可以看出帝国理工学院对实践的重视[②]。同时，所有本科专业的课程都应配套研究项目以供学生展开研究性学习。

3."教"与"学"变革

帝国理工学院非常重视"教"与"学"。它于2017年6月发布了第五个具有连续性的"帝国理工学院学习和教学战略"（Imperial Learning and Teaching Strategy），该战略提出了四个方面的内容，包括持续性的课程评估，基于证据（evidence-based）的教学变革，培养包容的、多元的教育文化及发展数字化学习工具[③]。为此，学校提供多方面的变革支持，包括：建立教学人员与学习技术专家的合作关系，协同提升教学质量；允许每个改革周期（包括最初的审查规

---

① 张兰勇.帝国理工学院人才培养模式探析[J].工学周报，2017，(2138)，第03版.
② Ted Tapper, David Palreyman. Oxford and the Decline of the Collegiate Tradition[M]. London: Woburn Press, 2000: 97.
③ 可参考：刘奕涛，彭旭.教学创新提升一流学习质量——《帝国理工学院学习和教学战略》述评[J].世界教育信息，2018，31（18）：43-49.

划、实施、评估、改进）至少延续三个学期；为教师在教学中面对不同层次、不同语言、不同文化背景的学生提供帮助；为不同背景的学生参与交互式学习提供帮助；鼓励学生对自己的学习负责；开发交互式教学工具等。

在"教"方面，帝国理工学院还有一个特色，将教师发展中心建成一个学习型组织，目的是更好地支持并促进学校教育教学事业的发展和开展教育教学领域的相关研究[1]。教师发展中心人员由16名具有不同学科背景的学者和辅助人员组成，他们主要基于项目制为教师和课程讲授提供专业化的教学指导、评估、教学反馈以及课程设计。项目制主要有三类，即教与学工作坊、教学能力提升项目与交流和重大活动。这些项目又根据实际情况进行细致的划分与深化，如教学工作坊又分为简要介绍类、实践指南类、着重聚焦类、医学类、按需开展类和教学认证类六类。同时，教学能力提升项目会通过讲授课程并颁发相关证书的形式，帮助教师发展及克服职业倦怠[2]。

4. 数字技术下的学习创新

帝国理工学院首席信息官 Mike Russell 认为要在数字挑战中创造价值，致力于利用数字技术为学生学习与教学升级赋能。帝国理工学院专门制定了"数字学习战略"（Digital Learning Strategy）。该数字战略提出了三个主要内容：其一，期望改善学生在线互动体验，将学生的主动学习与数字创新结合起来；其二，整合英国及全球的学习群体进行在线教学开发；其三，培养在专业环境中以最佳方式使用数字技术的全球公民。在帝国理工学院，他们秉承在学习教学中理性融入技术创新的理念。如今帝国理工学院开发了在线与数字工具，建设了数字空间，增强课程、教学和社区建设的协作性，为

---

① Educational Development Unit. About us[EB/OL]. [2019-03-07].http: //www.imperial.ac.uk/staff/educational-development /about-us/.
② 邓嵘. 世界一流大学教师发展中心的运作模式及启示：以帝国理工学院为例[J]. 黑龙江高教研究，2019（09）：56-61.

学生提供了创新学习方案[①]。

（三）苏黎世联邦理工学院

瑞士苏黎世联邦理工学院（Swiss Federal Institute of Technology Zurich，ETH）创建于1855年，是世界上最著名的理工大学之一，该校在成立后的150多年中，总共产生了21位诺贝尔奖得主，如爱因斯坦和冯诺依曼都曾在ETH，它内在的创新型人才培养模式非常值得我们深入思考和探索。[②]ETH的培养目标是让学生能够获得扎实的工科知识、实用技术及参与跨学科活动的能力；同时，鼓励学生的个人创造性，培养学生自我反思和评价的能力。

1."师徒制"学术传承

在苏黎世联邦理工学院，出色的毕业生会被任命为教研室助教，且老科学家会提携崭露头角的青年科学家，使教研室的研究成果、研究设施、研究资源、知识、诀窍等宝贵的研究基础和研究力量得到传承。在获得诺贝尔奖的大师中，很容易找到大师师徒关系。例如，1939年诺贝尔化学奖得主拉沃斯拉夫·鲁日奇卡与1953年诺贝尔化学奖得主赫尔曼·施陶丁格具有直接的师承关系。还有同时获得诺贝尔物理学奖的卡尔·米勒和约翰内斯·贝德诺尔茨也是师徒关系。

2. 课程与教学

苏黎世联邦理工的课程划分为三个类别，即学科基础类课程、科学和技术科学类课程、人文与社会科学和数学课程。ETH本科课程数量较少，主修学科很具深度，由一个或两个以上相关学科的若干课程构成，且课程大多根据专业需要设置，与专业无关的课程比

[①] Imperial College London. Innovative Teaching for World Class Learning: Learning and Teaching Strategy[R]. Imperial College London, 2017.
[②] 任娇菡，任真，徐进. 瑞士苏黎世联邦理工学院创新型人才培养模式及其启示[J]. 世界科技研究与发展，2020，42（02）：245-252.

重很小。而且，虽然没有明确设置专门的通识教育课程，但在课程内容、教学方法以及教学过程中渗透通识教育理念，如注重联合专业的设置，注重导师辅导和学生自主学习相结合。再如在课程教学中，除了正规课程外，还有演讲、课堂练习、研讨班、专题座谈、实习等教学形式。《苏黎世联邦理工学院教学政策》明确规定了学位课程的质量标准，定义了该校毕业生应具备的专业能力和跨学科能力、获取这些能力的模式以及如何验证这些能力。另外，还设有课程评价制度，它会整合学生、教师、校友及企业内外部相关人士的评价，对课程设置进行全方位批判性审查。

ETH 建立"教育发展与技术中心"，为教师提供了各种教学方面的信息技术支持，如魔灯（Moodle）软件和各种移动终端设备。通过数字化的学习管理，促进了师生之间的良好互动。同时，教育发展与技术中心会提供教师教学的每个阶段涉及的资源。例如，在教学准备阶段，会提供与学习目标描述、学习数据收集相关的资源；而在教学实施阶段，会提供教学设计中的互动、沟通的技能，促进教师反思的资源；在教学评价阶段，提供可联系人员、登记簿等相关信息[1]。

3. 学术生态

ETH 构建了有效的生态系统来支持知识生产和创新发展[2]。ETH 一方面建设了国际化的教学体系，在瑞士有三种官方语言（法语、德语、意大利语），而 ETH 的本科教学以德语为主，英语和法语为辅。学校比较重视建设国际化的教师和学生队伍，在学校的 21 位诺贝尔奖得主中，外籍科学家接近半数。国际化的教师与学生队伍创

---

[1] 陈春梅，吴薇. 欧美顶尖工学院教师发展组织探析——以美国麻省理工学院和瑞士苏黎世联邦理工学院为例 [J]. 世界教育信息，2018，31（07）：55-59+67.
[2] 郄海霞，李欣旖，王世斌. 四螺旋创新生态：研究型大学引导区域协同创新机制探析——以苏黎世联邦理工学院为例 [J]. 高等工程教育研究，2020（02）：190-196+200.

造了多元文化与智力交流，促进了创造性思维的培养。在2010年，ETH建立了可持续发展暑期学校，学生们可以感受来自不同国家的文化与思维方式，通过合作研究增加自己的视野和跨界协同能力。同时，ETH也注重与实践的联系，设立了"外部论文项目"，为解决世界性难题和区域社会发展的紧迫性议题面向全球寻求合作伙伴。而且，ETH采用校企联合培养人才、创办大学科技园、共建合作研究中心等多种形式，促进本科创新型人才培养。此外，ETH通过组织运行机制设计、共同体构建及学科协同机制等保障了产学研的跨边界融合与生态体系构建，促进人才培养并引导了区域创新发展。

第三节 国内创新型本科工程人才教育

一、清华大学

一直以来，清华大学在工程人才培养中比较重视和开展实践教育。在2023年美国US News全球工程学院排名中，清华大学力压欧美知名理工院校，包括麻省理工学院、斯坦福大学等位居第1位；同时，在2023年THE世界大学工程学专业排名中排名世界第15位。近年来清华在工程教育中突出价值塑造、能力培养、知识传授"三位一体"的教育理念，除了专门设立学院来培养未来工程创新领导人才外，它在课程教学、培养体系、研究训练和国际合作等方向也开展了诸多优秀实践。

1. 创立专门学院

2009年，清华大学人才培养计划钱学森力学班（简称"钱班"）成立，它是教育部"基础学科拔尖学生培养试验计划"中唯一的工科基础试验班。"钱班"的使命是发掘和培养有志于通过技术改变世界、造福人类的创新型人才。2022年清华大学创办"为先书院",以"定义未来的科技领导者"为培养目标,致力于成为工科创新人才成长摇篮的新机构。除了设立各种实践课程和课外实践训练,为先书院还专门设立了长期的工程创新实践项目。该项目安排学生到大型领先企业的研发机构或国内外顶尖学术科研机构进行实践训练,以加强学生在现实大工程实践场景中的工程认知和工程体验,提高他们的实际工程应用能力。此外,书院为学生提供一对一的在学术界处于领先地位的学术导师。而且,书院还设有持续两个学期以上的"开放创新挑战研究"(ORIC)培养模块,以及为学生提供尽早进入顶级科研实验室的机会。通过这些超越常规的培养举措,书院旨在激发学生的科研潜力,有针对性地培养和提升他们的学术能力。

2. 建立交叉融合、学术实践一体化和国际化的培养方案

清华大学打破了单一学科专业在人才培养方面的传统模式,将多学科交叉融合的理念真正体现在学生的知识、能力和素质的培养中。例如,清华大学集成电路学院不仅建立了本硕博贯通的人才培养体系,还打通了材料、装备到芯片系统的垂直知识链,重塑了集成电路课程体系。同时,该学院还加大了与产业骨干企业的合作力度,积极推进产教融合基地建设和联合培养的长期机制,以培养符合集成电路产业需求的优秀工程师。自2021年开始,清华大学与近50家重要企业在集成电路、航空发动机等核心关键领域签订了合作协议,从而拓宽了学校与行业企业之间的双向人才交流渠道。为了促进工程教育与职业资格认证的结合,学校引导学生通过参与企业的生产实践,发现真正的问题、解决复杂的难题和提出新的命题。这一做法不仅增强了企业参与学校工程教育的吸引力和积极性,还完善了学校与企业协同育人的机制。截至2022年,清华大学全校19个院系共开设了136门校友课或行业专家课程,来自334个单位的478位行业专家、181位清华校友站上了清华课堂,有力促进了人才培养与行业的紧密联系。

同时，清华大学积极与国外合作院校沟通，推进深层次的教育合作，改进培养模式，以实现学生培养的最佳效果。它注重与世界知名大学合作，与哈佛大学、耶鲁大学、牛津大学、剑桥大学等建立了学生攻读学位的渠道。清华大学还与全球知名高校合作开设了25个工程领域的硕士和博士学位项目，与18家企业共建研究生海外社会实践基地，累计派出200余名研究生前往20余个国家开展课题研究、项目攻关，参与服务蒙内铁路、亚吉铁路、淡布隆跨海大桥等多项国际重大工程项目的建设及运营，在实践中培养了一批具有全球视野、紧跟产业发展的高层次工程技术人才。

3. 本科生研究训练

清华大学设立了大学生研究训练计划（Student Research Training，SRT）项目。本科生参加这一计划的人数比例超过50%。在SRT计划中，老师确定主题（同学自主选题也可），学生报名参加，老师提供一定指导。SRT通过为每位本科生提供跨学科选择专业训练和研究训练的机会，培养了学生综合运用知识的能力和学科交叉意识。SRT计划已成为清华大学基于研究型学习的人才培养模式的有机组成部分。参加SRT的清华大学的学生们在软硬件研制、报告、论文发表（核心刊物和SCI收录期刊等）、学术会议、专利、参加"挑战杯"科技作品展及系列赛事活动等方面都取得相应的成果。清华大学还联合开展校外甚至国际SRT计划项目，为本科生提供更广阔的发展空间。

二、北京大学

北京大学的工程教育历史悠久，1910年有了工科分科大学，1952年创立全国第一个力学专业，以此为基础，2005年北京大学重建工学院。在长期的发展过程中，北京大学在工程科技领域取得了一系列国内领先、具有国际影响的重大研究成果,创造了多个"第一"[1]。2023 年 THE 世界大学工程学专业排名中排名世界第 12 位,US News 全球工程学院排名中排名第 28 位。北京大学工学院本科教育形成了重视扎实宽广数理基础知识和面向未来工科创新能力的传统。

1. 新工科教育的学院建设

从 2020 年开始,北京大学已经成立了未来技术学院、材料科学与工程学院、集成电路学院、计算机学院、电子学院、智能学院 6 个学院,也先后成立了 5 个实体研究机构,包括人工智能研究院、能源研究院、碳中和研究院、国际机器学习研究中心及国家生物医学成像科学中心。而且实体研究机构正在成为新工科交叉研究的"学术特区"。

2. 交叉学科体系的建设

北京大学建设的新工科教育注重多学科交叉融合,以问题、目标、任务为导向,鼓励不同学院和学科之间的合作。该教育模式鼓励团队跨院系、跨学科联合。例如,北京大学开设通用人工智能实验班(简称"通班")[2]。北京大学在本科新生中实施了通班培养计划,旨在系统性培养学生。通班课程的设置广泛覆盖了视觉、语言、认知、机器人、机器学习、多智能体等核心领域和交叉学科的课程。通过这些通班课程,学生能够全面学习并掌握人工智能相关知识和

---

[1] 包括第一座大型低速风洞、第一台 30 兆电子伏特的电子感应加速器、第一台实用原子钟、第一台百万次电子计算机 150 机、第一个自主设计的多通道操作系统和编译系统、第一块 1024 位 MOS 随机存储器的大规模集成电路、第一个计算机汉字激光照排系统和电子出版系统、第一个全光纤通信实验网、第一个 CDMA 卫星通信系统、第一个光化学烟雾箱、第一套地理信息系统平台、第一个环境风洞、第一个大型结构分析通用软件 SAP84、国际上第一台 1% 能散、15MeV 激光质子加速器与辐照装置。

[2] 清华大学和北京大学联手建立通用人工智能实验班,进一步探索和深化教育综合改革。北京大学通班由人工智能研究院负责提供教学安排,面向元培学院招生。清华大学通班设在自动化系。通班均由北京大学人工智能研究院院长、北京大学讲席教授、清华大学基础科学讲席教授朱松纯领衔。

技能。通用智能实验班强调了三个关键词：通识、通智、通用。首先，通识意味着人工智能与传统的人文、社科、哲学、艺术、美学等领域之间的交叉与融合。其次，通智要求学生必须全面学习一个完整的智能学科课程，以全面提升其智能科学和技术能力。最后，通用表示人工智能的应用领域广泛，学生可以将所学的人工智能知识应用到各个行业和领域中。通过这些创新的教育方案，北京大学致力于培养具有综合素质和全面能力的工程领域人才，为社会和产业的发展做出贡献。

3. 国际化教育体系的构建

早在 2003 年，北京大学成立国际化的工学指导委员会。2005 年重建工学院，面向工程科学前沿培养国际领军人才。北京大学工学院构建了国际化教育体系，开创了高水平实践创新能力培养与国际化特色鲜明的教学体系。工学院与国际一流高校打造学位联合培养、海外暑期科研实习、海外名校交流等立体化、国际化培养平台。北京大学工学院、美国佐治亚理工学院、埃默里大学启动的联合博士培养项目是中国唯一的、由国务院学位委员会审批通过的联合博士生培养项目。北京大学工学院开展的 Globex 暑期项目邀请世界一流高校教授开设优质英文课程，吸引优秀国际学生来华短期交流学习，并使北京大学学生不出国门即可与海外师生面对面交流。北京大学工学院牵头建设国际化示范学院、顶点设计项目、世界课堂教育等国际化特色教育，育人成果显著。

4. "学术链、创新链、产业链"的融合

北京大学在学术研究和创新方面，依托新工科领域开放异地研究院，聚焦 "1-N" 创新，鼓励学生参加 Globex 等国际化教学项目[①]，参与 "重大挑战学者计划"（The Grand Challenges Scholars

---

① 自 2012 年启动以来，该项目与全球工学重大挑战人才培养计划紧密衔接，每年平均邀请来自海内外十余所高校的教师开设 10～15 门英文课程，旨在培养具备跨学科、跨文化、具有国际视野的创新工学人才。

Program，GCSP）等国际学术活动，促进本科生对工程科学国际前沿领域的学习和了解，加强国际化视野的培养；鼓励学生参与由国际著名学者线上作学术讲座的"北京大学工程科学讲堂"活动，与国际一流学者直接交流。

在实践、产业融合方面，北京大学构建了面向全校以及辐射其他高校和机构的"创新创业教育课程、创新创业实践平台、创新创业孵化资金池、创新创业项目孵化（成果转化）"四位一体的创新创业教育体系。尤其是北京大学工学院建成了一批特点鲜明、覆盖广泛的实践基地，并与诸多科研单位、高新企业开展长期深入合作交流。工学院探索了校企合作育人的培养模式，联合航天科工集团、中国船舶集团、北京医疗机器人创新中心、KUKA 机器人、新奥集团、天智航、中秦兴龙等企业和研究单位建立了合作与实践平台、创新基地，积极探索产教融合育人模式。学院提出并建设"业界导师"项目，至今已举办多届"工行天下"业界导师活动，参与导师百余位，惠及学生近千人。

三、其他优秀大学

其他优秀大学也在致力于创新性本科工程人才的培养。如哈尔滨工业大学在工程教育改革中，探索了多项有益的实践，包括工科"Π 型"[①] 方案、基于在线开放课程的"1+M+N"跨校协同教学模式、"X+Y"国际化联合培养、产学合作协同育人模式及"学院＋书院"与通专结合育人模式等。

香港理工大学强调体验式学习，开展"学系为本"组合课程及通过"本科生科研计划"进行人才培养。本科生科研计划致力于培养科研和创新人才，学生可以以个人或小组的形式提交申请，一旦

---

① "Π 型"人才不仅需要具备坚实的专业知识能力，还要具备广博宽泛的应用领域／行业相关知识与能力，强调"专业＋行业"兼备的精英人才。

申请获批，他们将得到资助以及科研指导。他们还可以优先入住学生宿舍内的"科创书院"。另外，香港理工大学在教学中还整合实习、海外交流和服务学习三大元素，极大提高了本科生培养质量。

上海交通大学致力于打造工程科技创新人才培养新模式，树立"价值引领、知识探究、能力建设、人格养成"的"四位一体"人才培养理念，并设立新兴专业、建立工科平台、交叉创新及推进"大课程"融合改革等。

华中科技大学（以下简称华科大）的初衷是办好最好的本科教育，出台了"本科教育50条"。华科大实现了所有学科工程实践全覆盖，形成一套卓有成效的华科大工程实践创新模式。其"工程实践创新中心"追求工程实践"大学四年不断线"，引导青年大学生探索"做好一批产品"，塑造工程观、质量观、系统观。

浙江大学以卓越工程师培养为目标，相继成立先进技术研究院、国家特色化示范性软件学院、微纳电子学院、网络空间安全学院等特色学院，构建通识、大类、专业和个性课程"四位一体"的课程体系。浙江大学打造多方位的科研训练体系，包括SRTP（Student Research Training Program）、科研课题、创新创业项目和学科竞赛等，相关项目与课题能覆盖三分之二的本科生。

目前来看，大多数顶尖工学院都基本完成了"工程技术人才"培养模式的升级转型，关注对工程科学人才的培养。在它们的人才培养方案中，既注重学生的学术研究训练，也十分关注学生的实践能力培养。这些顶尖工学院都非常重视学生的人文和社会科学素养，使学生能够更好地理解社会和人的需求。而且，它们更加注重学生学习的自主性和主导性，调动学生学习积极性，致力于培养更具创造性和引领性的人才。一些学校如欧林工学院已经开始尝试对卓越引领型人才培养的探索，希望从根本上改变顶尖工学院的工程教育格局。从整体看，这些顶级工学院在教育理念、治理结构、跨边界

（学科、课程体系、实践融合、国际协同等）及教学方式等方面的实践值得关注。

第四节　顶级工程本科创新人才培养模式的重点思考

教育一定不是"机器制造"，而是"花木成长"。人才培养既要传授高质量专业知识，培养学生创新思考力与"学习力"，也要培育个体的完整人格。在对中国未来本科生工程人才培养的调研中，我们发现，企业和高校老师普遍认为"实践导向"与"科学的跨学科课程体系设置"是最需要关注的两个因素（见图2-8）。"研究导向，培养学生的科学严谨精神与方法"及"建立全方位的人才培养的质量评价体系"也是保障工程人才培养质量的重要因素。根据问卷调研和以上相关案例资料，我们提出如下四个方面的思考或建议。

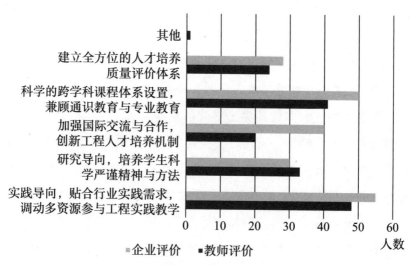

图 2-8　中国未来本科生工程人才培养的重点

资料来源：问卷调研。企业评价与教师评价分别由企业人员和大学教师进行问卷填答。

一、教育定位与理念维度

2017年1月10日国务院印发的《国家教育事业发展"十三五"规划》报告指出，首先要"以新理念引领教育现代化"，要以创新、协调、绿色、开放、共享的发展理念统领教育改革发展。对于本科生创新工程人才的培养，一定要以学生能力达成为中心，尊重个性自由，启迪智慧，面向未来。在创新本科人才培养过程中，需要思考其教育定位与理念。一方面，本科创新人才的培养要考虑结合国家发展战略与社会需求。在数字技术冲击下，大部分产业需要转型升级及进行新旧动能转换，这催生了对于新兴技术人才与工程人才培养升级的强烈需求。人工智能公司Element AI发布的《2019年度全球AI人才报告》指出，全球对于人工智能人才的需求不断攀升，且顶级人才仍供不应求。而中国教育部门测算，我国人工智能人才目前缺口超过500万，2020年，国内的供求比例为1∶10，供需比例严重失衡。加快响应国家战略和社会需求的创新本科工程人才培养，是我国工程教育的核心任务。

另一方面，创新本科生工程人才的培养要促进其潜能激发与全面发展。"能力第一，知识第二（斯坦福倡导）""持续质量改进""科学与人文融合""跨学科教育"及"兼顾通识教育与专业教育"等都是顶级工学院推崇的重要本科教育理念，用前面的总结就是"潜能激发""全面发展"与"社会责任"。

二、教育制度及教学方式维度

在数字化背景下，应重新构建大学、政府、企业、产业及整个社会之间的新型关系网并重塑人才培养的"管、办、评"机制，大学的治理机制与教育教学制度要适应时代要求，并需以创新人才培养为变革方向。对于工程本科生培养，要考虑教育的个性化、自由化、完整化、精细化与评价的科学化。在"管"方面，政府要下放一定的自主权，让大学在专业学科设置、科研制度、国际化合作及人才培养等方面有更大的自主性去培养工程科学和卓越引领型工程人才；在"办"方面，鼓励高校自主办学和教师积极教学，进行充分的体制机制创新，发挥导师制在创新人才培养中的地位，搭建平台和创造良好育人环境；在"评"方面，建立多元教育的评价机制，将学生、教师、学院、用人单位或外部机构等都纳入评价主体范围，建立权利保障和问责体系。哈佛大学、牛津大学与斯坦福大学比较关注本科生的教育管理，它们在学生、教师治理及评价制度上都做出了规定。例如，哈佛大学设计了学生自主参与式学习管理规范、课程选修制度及本科生荣誉学位制度等，而英国牛津大学、剑桥大学规定了导师制的具体执行方案等。英国的顶级工学院也常设有学生荣誉毕业制度，如学士学位证书分为5个等级，即一级学位、二级甲等学位、二级乙等学位、三级学位和及格。其中，前四个等级将被标注为不同级别的荣誉学士学位，而获得"及格"等级的学生则没有此项标注。未获得荣誉毕业的学生，可能会在日后的求学与求职中受到影响。清华大学行健书院"钱学森力学班"进行了荣誉学位试点。

高校、政府要充分发挥导师制在创新人才培养中的战略作用，探索导师制的本土"打开方式"。虽然国内高校也都在推行本科生导师制，但还无法做到如剑桥大学的31个学院那样，规定导师每周要与本科生见面两次，做到一对一或一对二辅导。国内高校也在探索导师制的新方向，如西安交通大学率先实行杰出校友导师与优秀学业导师相结合的本科教育双导师制等。如前文所述，斯坦福大学实行弹性学年制与自定节奏的学习。弹性学年制往往比固定学年制更受人欢迎，因为学生可自选学习时间，自选课程。在国内，元培学院是北京大学唯一实行弹性学习年限的学院，据介绍，学生可以在

3～6年内自由选择课程及专业，并获得大学本科学位[①]。在课程设计与学生评价中，需要将用人单位的参与制度化，这样能更好地实现产教融合，如欧林工学院的全方位人才培养评价机制。

在教学上，可以设计系统科学的教师评价制度并设立相关教学奖，激励老师全身心投入本科创新人才的培养中。在美国大学教师评价体系中，教学评价所占比重达40%之多，教学评价主要包括课时量和学生评价。另外，需要深化对老师的教育评价改革，要建立立德树人的根本目标，设立歧视、学术不端、性骚扰等"红线"，注重对教师及其教育工作进行系统考察与评价，同时设定教学评价在教师续任和终身职称评审中的权重。在美国，学生可以对全美教师统一评估网站上所有的大学授课教师进行评分，评分数据将伴随教师终身，即使其更换学校也能被查询到，因而，教师会非常关注教学。同样教学奖是对教学的正向激励，可以考虑设计本科工程创新人才培养奖项，激励老师将本科教学从老师"教得好"向学生"学得好"转变，如斯坦福大学设有多达25个教学奖项，包括文理学院的霍兰德本科教学奖。

高校、政府要利用数字技术更新教师"教学武器库"及学生"学习武器库"，并致力于提升学生学习的主动性与灵活性。数字技术的发展引发教学范式革命，使学生摆脱了教师单一的知识传授模式，基于视频、图像技术的交互方式让学生可以自由灵活地获取原来只限定在课堂中的知识，教与学的关系边界日趋模糊。当线上线下混合教学模式慢慢成为一种趋势后，本科生的自主学习、个性化学习、体验式学习也成为主流。数字技术对于人才培养的最大价值在于它重构了教与学的方方面面，增加了学生的主动性创新与协作性，我们从帝国理工学院的数字学习战略与实践中也看到了这一点。

---

① 李猛.北京大学元培学院：自由学习的共同体[J].中国大学教学,2019（12）:12-15.

在我们的问卷调研中，71.9%的被调研者认为未来老师需要关注的地方是激发学生的潜能及良好的师生互动，65.5%的被调研者认为老师要提升自身工程实践能力，注重产教融合、协同教学。而对于学生来讲，"跨学科融合，兼顾通识教育与专业教育（66.2%）""培养协同合作与创新能力（55.4%）""知行合一，在实践中验证、探索与学习（77%）"是学生未来最需要关注的地方。

三、课程体系设计维度

课程体系设计和改革既是本科教学改革的重点，也是难点。目前，我国本科课程体系存在不少问题。一方面，课程内容陈旧过时，很多高校的课程体系略显僵化，且专业课程课表长期保持不变，无法匹配学科前沿的发展。另一方面，本科生修读课程数量较多，但学习深度和难度不足，这是我国本科教育的一大症结[①]。总体看，现在的体系难以挖掘学生潜力，更难培养出满足国家战略和社会需求的工程人才。

课程体系需要围绕培养两种顶级工程人才的目标进行设计，应主要关注两个方面的内容。其一，选择重点工程学科或专业进行顶层设计。学校需要明确自己的优势工程专业，并进行资源倾斜，在顶层设计上保障配备高质量的教学队伍与课程教学体系。其二，跨学科/跨专业培养。对于工程科学人才和"卓越引领型工程人才"，应该有不同的课程体系，前者的课程体系要强调基础原理、科学研究，后者的课程体系则需强调创业精神和人文精神。通识教育与跨边界培养帮助学生塑造了完整的人格，并为学生提供了更多元的思考方式与学科视野。例如，自2018年起，哈尔滨工业大学面向本科生和研究生开设了数据科学与大数据技术、智能机器人、智能无

[①] 教育部部长陈宝生在新时代全国高等学校本科教育工作会议上的讲话[EB/OL]. 2018-11-07, https://zpc.hue.edu.cn/2018/1107/c1235a65761/page.htm.

人系统等6个新型辅修专业（学位），并降低了准入条件，学生只需要"修满第一学年主修专业规定的课程学分"，采取单独授课并降低修读难度，这帮助学生提升了学科视野，也增加了个体创新素质。

高校要进行课程体系改革，大力推行"通识教育+专业教育+个性化教育"，帮助学生构建知识融合方式。通识教育是"非职业性和非专业性的教育"，包括学习历史、政治、经济、社会学、哲学及伦理、体育等。通识教育不仅是一种文化知识的学习，也是一种文化精神的熏陶和传承，更是个体全面人格的培养，它能激发学生的无限可能性。在通识教育课的设计基础上，为了培养创新的工程本科生，我们需要突破学科界限，改革传统的知识体系构建方式，将专业教育与个性化教育也融合进来，探索融合式知识体系构建方式，帮助学生获得知识的同频共振与创新。2012年的《斯坦福大学本科教育研究报告》提出了"通识教育+实用教育+创业教育"的培养模式，并实施了全新的跨学科通识教育，以促进学生的全面发展。

四、"产教融合，科教融合，国际协同"维度

（一）"产教融合"

在工程人才的创新型本科培养模式中，教学与实践融合是必选项。高校要探索全方位的教学实践融合方式，建立人才培养与实践结合的长效机制，帮助学生提升发现、分析与解决问题的能力。工程教育离不开实践，因而创新型工程人才的培养必须以实践为根基，以学术为牵引，通过协同育人的路径培养创新型人才。大学需要建设校企教师队伍协同机制，充分调动企业人员与高校老师联合培养的积极性，以制度化方式让企业人员深度参与工程人才培养中。

(二)"科教融合"

为本科生提供一定的学术训练或机会,帮助本科生提升创造性思维、问题发现及解决的能力,完成科研过程中还能提升跨组织或领域协同能力。在顶级工学院的本科人才培养中,为本科生提供学术机会是一种常见的管理实践。例如,哈佛大学、斯坦福大学、加州理工学院及苏黎世联邦理工学院等都为本科生提供了充分接触科研与学术前沿的机会。因而,研究性教学或学术项目设计,是创新型本科工程人才培养的非常重要的路径。

(三)"国际协同"

创新本科工程人才需要具有全球性视野、国际思维和跨领域协同能力,大学要建立有效的国际协同教育模式,学习国外顶级大学的育人模式,凝练推广有效的国际化人才培养方案。2013年,不少美国教育专家提出了密涅瓦计划(The Minerva Project),尝试建设四年制本科大学"密涅瓦大学"。它希望突破地域边界限制招收本科生,并提供沉浸式的全球化体验教育。近年来,国际合作办学的趋势愈发明显,它对教育改革的推动也更加显著。但同时,由于国内一些学校盲目开展合作办学,其规模型增长模式弊端也已显现。教育部已叫停多个中外合作办学机构和项目,因而,高校在进行国际化协同育人时应采取更加谨慎、科学的态度和与其相契合的实践。苏黎世联邦理工学院在国际协同育人上成效巨大,其国际学生数量较多、师资力量较强,而且在国际研究项目合作上帮助工程本科生获得了多元智力支持,提升了其创造性思考与协作力。中国香港中文大学(以下简称港中大)也有成功的经验,它在文化上追求多元融合,并通过独特的书院制度来实现这点。专注于高等教育的研究性媒体—读EDU独家专访了港中大副校长霍泰辉教授,后者表示接近70%的港中大本科生都曾出境交流过一段时间。而且,港中大还专门设有校级国际化指导委员会,定期开会,确定学校国际化的"大政方针",委员会下设 7 个小组作为常设机构,负责国际协同的日常推动、管理和服务。它们在国际协同上对创新型工程本科人才的培养发挥了巨大作用,这些人才具备了较好的国际视野,并有"全球性"的思维方式与创新力。

第三章
新一轮产业革命下具有中国特色的民办大学协同建设路径

> 在卓越领导力的引领之下,资源(money)和理念(ideas)两者齐头并进,必将通往激动人心的"创新(innovation)"彼岸。
>
> ——亨利·罗索夫斯基(Henry Rosovsky)

第一节 中国民办大学协同基本现状

一、高校发展之校际协同困境

"民办大学"在概念界定上采用"举办主体"与"经费来源"的双重标准。一般来说,民办高校的举办主体是属于国家机构以外的社会组织或个人,它的经费主要渠道来自国家财政经费之外的资金。根据教育部"全国普通高等学校名单"数据,截至2023年6月15日,全国高等学校共有3 072所,其中:普通高等学校2 820所[含本科院校1 275所、高职(专科)院校1 545所],成人高等学校256所(不包含中国港澳台地区高校)。在2 820所高校中,有785所民办高校,13所是中外合作办学及中国内地与港澳合作办学。此外,据2021年教育统计数据,在非公办高校中,共有教职工498 379人,专任教师369 605人。而且,从2012年开始,民办学校开始进行研究生教育,北京城市学院、西京学院、河北传媒学院、黑龙江东方学院及吉林外国语大学等五所院校获得教育部审批资格。

尽管民办高校数量较多(见图3-1),但它们在发展过程中较少利用与外部学校的合作关系。在已有的合作关系中，也大多是跟民办大学之间的联盟合作，缺少与顶级大学之间的交流与协作。

图 3-1　2010—2021 年民办高校数量情况

资料来源：本报告整理自教育部官网。

二、人才培养与科研协同困境

根据最新数据，民办大学在人才培养方面的情况见表 3-1。可以看出，民办大学招生、毕业生人数在逐年增加。以 2021 年为例，全国高等学校硕士招生 1 050 703 人（博士招生 125 823 人），毕业生 700 742 人（博士毕业 72 019 人）；本专科招生 10 013 151 人，毕业生 8 265 064 人。2021 年民办大学在普通本专科中招生占比 23.01%，毕业生占比 22.34%，但研究生培养占比非常低（硕士毕业生占比 0.1%，没有博士毕业生）。总体来看，民办大学在应用型人才培养方面贡献较大，但依然存在人才培养较低端的问题，在科研协同人才培养方面有较大提升空间。这既表现在毕业于民办大学的硕士毕业生数量较少，也表明毕业生在科技创造、科研成果上缺乏有影响力的产出。

表 3-1 近 5 年民办大学人才培养情况表

单位：人

	2017 年		2018 年		2019 年		2020 年		2021 年	
	毕业数	招生数	毕业数	招生数	毕业数	招生数	毕业数	招生数	毕业数	招生数
（一）研究生	232	747	266	735	483	876	560	1 260	752	1 369
博士	—	—	—	—	—	—	—	—	—	—
硕士	232	747	266	735	483	876	560	1 260	752	1 369
（二）普通本专科	1 631 582	1 753 700	1 661 667	1 839 444	1 696 222	2 196 909	1 780 293	2 360 724	1 846 811	2 304 475
本科	921 506	1 016 329	925 733	1 051 654	970 675	1 108 415	1 038 403	1 119 515	1 045 627	1 064 180
专科	710 076	737 371	735 934	787 790	725 547	1 088 494	741 890	1 241 209	801 184	1 240 295
（三）成人本专科	65 548	99 038	80 801	141 423	99 959	214 672	135 941	308 514	206 287	421 983
本科	7 899	15 329	10 904	23 607	14 125	35 137	19 249	58 259	30 294	73 708
专科	57 649	83 709	69 897	117 816	85 834	179 535	116 692	250 255	175 993	348 275

资料来源：根据中华人民共和国教育部发展规划司官网整理；在 2021 年的统计中，教育部将普通本专科区分为普通本科和职业本科，职业本科和普通本科合并划分到本科中。为了保持一致性，表中 2021 年职业本科和普通本科合并划分到本科中。

三、科技成果与产业协同困境

2019 年,以 415 所民办院校(包括独立学院)为调研对象,中国科教评价研究院的汤建民针对中国民办高等教育的科研状况展开了第 8 年的评价研究[①]。基于课题、论文、发明专利和科研成果奖励这四个评价标准及权重,总结出 2019 民办高校科研竞争力状况(见表 3-2)。综合结果显示,西京学院、宁波财经学院、浙江树人学院、黄河科技学院及浙江越秀外国语学院名列前五名。但从整体来看,民办高校科研实力校际差距较大,整体科研水平较低。自 2010 年有统计数据以来,不少民办高校作为第一署名机构在 SCI、CSSCI 及 CSCD 三个数据库中,年发文总量没有超过 10 篇。同时,校际发展差异明显,一些学校已经取得了不少科研成果,包括宁波财经学院、黄河科技学院、浙江树人学院、浙江大学宁波理工学院、浙江大学城市学院、西京学院、电子科技大学中山学院及厦门大学嘉庚学院,等等。一些学校也获得了科研奖励,如黄河科技学院获得各项科研成果奖励 1 900 余项;西京学院荣获多个国家级、省级奖项;武昌理工学院主持完成的 2 项成果分别获得了 2016 年度、2018 年度湖北省科技进步二等奖,这也是全国民办高校唯一主持获得 2 项省部级科技二等奖的学校。

表 3-2 2019 年民办高校科研竞争力状况

科研成果		2019 年排名靠前的民办高校
论文发表	SCI/SSCI 论文发表	西京学院、宁波财经学院、长沙医学院及浙江大学城市学院
	CSSCI 论文发表	宁波财经学院、浙江越秀外国语学院、浙江树人学院、北京师范大学珠海分校及浙江大学宁波理工学院等

[①] 汤建民. 2019 中国民办本科院校及独立学院科研竞争力评价研究报告 [J]. 高教发展与评估,2020,36(01):47-52+91. 在最新 2022 年民办高校"科研竞争力"排名发布中,西京学院依然位列第一,而黄河科技学院也连续 5 年位列前十。

续表

科研成果		2019年排名靠前的民办高校
论文发表	CSCD论文发表	西京学院、烟台南山学院、黄河科技学院、长沙医学院、浙江大学城市学院、浙江大学宁波理工学院、厦门大学嘉庚学院及中山大学新华学院等
课题	国家自然科学、社会科学、教育部及文化部课题等	宁波财经学院、山东英才学院、浙江树人学院、温州商学院、浙江大学城市学院、浙江大学宁波理工学院及北京师范大学珠海分校等
授权发明专利	发明专利数等	黄河科技学院、潍坊科技学院、西京学院、浙江大学宁波理工学院、浙江大学城市学院、电子科技大学中山学院及厦门大学嘉庚学院等
奖励	国家自然科学奖、国家技术发明奖、国家科学技术进步奖、教育部高等学校科学研究优秀成果奖等	--

资料来源：整理自汤建民（2019）。

值得一提的是，在2018年，中国第一所研究型民办大学西湖大学在杭州西湖成立，并招收了教育部批准的第一届博士研究生。杨振宁任西湖大学校董会名誉主席，施一公任首任校长。西湖大学取得了令人惊叹的发展，2020年6月，它的首个自主科技成果转化项目获得了近亿元Pre-A轮融资，并因此在科技成果转化上获得"东方斯坦福"之称。西湖大学产业协同的建设路径值得推广。相比之下，大多数民办大学在科技成果转化方面，局面比较尴尬，存在产业协同困难。产生如此困境，一方面是因为民办大学自身科研实力大多薄弱，科研成果少，另一方面是由于我国民办大学在管理机制、企业协同合作等方面较落后。

四、构建新的民办顶尖工学院的协同路径

中国高等教育已进入一个新时代,而民办高校(包括独立学院)是高等教育事业中特殊而又非常重要的一部分。《国家中长期教育改革与发展规划纲要(2010—2020年)》提出要"形成以政府办学为主体、全社会积极参与、公办教育和民办教育共同发展的格局"及"促进社会力量以独立举办、共同举办等多种形式兴办教育。支持民办学校创新体制机制和育人模式,提高质量,办出特色,办好一批高水平民办学校"。《中华人民共和国民办教育促进法》也指出,民办教育事业属于公益性事业,是社会主义教育事业的组成部分。国家及各级人民政府应将民办教育事业纳入国民经济和社会发展规划中,并大力支持、正确引导。

随后,将《中华人民共和国民办教育促进法(2018修正)》中第二十六条第二款中的"经政府批准的职业技能鉴定机构"修改为"经备案的职业技能鉴定机构",将第六十四条中的"工商行政管理"修改为"市场监督管理"。这两处修改极大程度上体现出国家期望通过市场力量激活民办教育,通过民办教育来协同发展国家高等教育的愿望。

但民办大学的缺点是具有不稳定性,由于缺乏足够的支撑及存在资金压力,民办大学容易出现"死亡"问题。同时,民办大学内部治理、教师队伍、学科规划与体系建设等都是较为薄弱的地方。我们发现,从2017年到2018年,民办本科院校就减少了7所;从2020年到2021年,民办本科院校就减少了22所。但恰恰在这一时期,民办高校能帮助集聚教育资源,实现大学教育的均等化、个性化,有利于树立教育服务市场的意识,形成科学完善的中国特色社会主义的教育体系。而且,从世界教育发展来看,很多国际顶级高校也是"私立",因而对我们来说,协同建设高水平的民办工程新高校是非常有价值且必要的。

从目前国内工科院校民办大学的现状来看,它们主要是培养职

业性的工程技术人才，而对顶级工程科学人才或卓越引领型工程人才的培养基本没有。为了构建顶级工学院，仅靠现有的民办大学体系和公办高校是远远不够的。首先，现有民办大学资源能力不足和人才培养体系欠缺；其次，很多实力较强的公办工科院校由于沿用传统的教育体系，因此在转型改革时具有惰性，因此我们需要转向一个新方向，即通过新建民办大学来协同支撑顶级工学院建设和顶级人才培养。幸运的是，在历史的潮流中，我们也发现，通过新建大学可以较快地实现教育变革与创新。当年，约翰·霍普金斯大学（Johns Hopkins University）是美国创建的第一所研究型大学，并没有完全参照德国的办学模式，而现在的中国香港科技大学、洛桑联邦理工学院、新加坡科技设计大学及欧林工学院等都是"全新"的大学，它们通过"从零开始"办学并取得了成功。而且，在一些具体的办学操作层面，国内及国际的私立高校也有很好的管理实践供参考，这些都会成为建设顶级新民办大学的重要抓手。

第二节 典型国内优秀民办大学的建设现状

一、黄河科技学院：有特色的产学研结合的教育模式[①]

黄河科技学院创办于 1984 年，本部位于河南郑州，是经教育部批准成立的第一所民办普通本科高校。1994 年开始实施专科学历教育，2000 年开始实施本科学历教育，2013 年被教育部设为首批"应用科技大学改革试点战略研究单位"，2014 年，学校教改成果"民办高校应用型人才培养模式创新与实践"获得国家级教学成果二等奖，学校被教育部评为"全国毕业生就业典型经验高校"，

---

① 该校相关资料来自官网和文献资料。

2015年，学校的"黄河众创空间"被科技部认定为全国首批众创空间。2017—2019年连续三年在广州日报评选的全国应用型大学排行榜民办高校中位居第一名，2019年入选教育部"互联网+中国制造2025"产教融合促进计划建设院校，在"中国新建（应用型）本科高校发明专利排行榜"中位列全国民办高校第一名，连续四年专利授权量在河南省高校中排名第二。学校创办人、董事长胡大白教授也多次获得教育奖项。

在学院、专业及学科设计上，学校设有工学部、艺体部、商学院、医学院、应用技术学院等10个二级学院（部）；设有工、理、文、医、管理、经济、法学、教育、艺术等九大学科门类；开设了电子信息工程、临床医学、工商管理、数据科学与大数据技术等68个本科专业和数控技术、护理等35个专科专业。黄河科技学院现有教职员工1 867人，其中专职教师1 403人，具有高级职称的教师接近50%，青年教师中约80%具有研究生学历，拥有工程师暨教师、律师暨教师、会计师暨教师等各类"双师型"教师601人[①]。其中，黄河科技学院工学部的组织架构如图3-2所示。

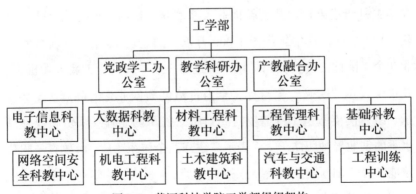

图3-2 黄河科技学院工学部组织架构

资料来源：黄河科技学院官网。

---

① 和胡大白一起畅想黄河科技学院的新时代：打造世界一流应用科技大学[EB/OL]. [2018-05-28]. 郑州晚报, https://www.zzwb.cn/news_119172.

（一）产学研协同——应用科技型人才打造

黄河科技学院的办学宗旨是"为国分忧、为民解愁、为社会主义现代化建设服务"。它对接产业需求，向内关注师生内生性需求，向外与产业龙头及行业进行融合创新，变革人才培养的体制机制。在组织机制上，学校成立了"产教融合工作领导小组"，主要负责产教规划、调研、考核等工作。学校会定期开展产教融合现场调研观摩，通过实地考察、汇报交流、月度小结、年度考核，确保了各项建设任务稳步推进[①]。

此外，构建政府—学校—企业协同工作平台。目前，为响应"中国制造2025""三区一群"等国家战略，黄河科技学院已建成全链条双创生态体系，提供合作交流、技术、金融、教育等服务。例如，与地方政府联合建设"U创港"创新创业综合体，郑州市知识产权局在学校创业园区设立"知识产权服务站"，郑州市二七区政府在校内共建中小微企业服务中心，为创业者提供知识产权、工商税务、财务等一站式服务。学校搭建"创新创业平台"，创建规划面积达10万平方米的集聚科技、人才、政策资源的大学科技园，推进大学生科研成果转化及创新创业人才培养。目前，已进驻企业（团队）177余家，其中年产值1 000万以上的企业15个，高新技术企业3个。除此之外，黄河科技学院还建立了"1234"创新创业机制，其中1表示"明确一个目标（全力打造创新创业育人品牌）"，2表示"组建两支队伍（打造校内高素质的创新创业教师队伍和校外高水平的创业导师团队）"，3表示"建立三个体系（'学历教育—职业技能教育—创新创业教育'三位一体）"，4表示"构筑四个平台（搭建起了公共服务、科技支撑、金融服务和创新创业教育四大服务平

---

① 杨保成.黄河科技学院：创新引领，产教融合，内涵发展，加快推进示范性应用技术大学建设[J].河南教育（高教），2019（06）：32-35.

台)"。另外,学校也建立了16个研发中心,设立大学生创业基金和2 000万元的校友企业联合会基金,并与欧美同学会2005委员会①签署战略协议,聘请李开复、徐小平、杨澜等数十位企业家和社会活动家担任创业导师,为"校园创客"成长提供高层次的技术支撑和多元化的资金支持。

(二)教育中的制度创新

学校坚持制度创新先行的原则,不断建立健全创新创业学分积累和转换制度,针对有创新创业意愿的学生制订培养计划,出台了《学籍管理实施细则》《创新创业奖学金评选与管理办法》《大学生创新创业训练管理办法》等制度,实行弹性学制,允许修读年限延长至10年,学业进程也能得到调整。②

黄河科技学院与外部形成了合理的教学教育质量监控体系。目前,每个学院都建立了教学指导委员会,基于校企协同制定培养方案、教学平台及"教学督导"制度等。不少外部企业如宇通重工、汉威电子等参与学生的创新与素质评价,学院建立了从学生入学到毕业的全程追踪、评价及反馈机制,由学校、行业、用人单位等进行综合评价。

黄河科技学院的人才培养特点就是"本科学历教育+职业技能培养"(见图3-3)③,这种模式已为社会输送了超16万名高素质应用人才,并于2014年获得国家级教学成果二等奖。

---

① 该同学会为中国留学归国人员在2005年创办的智囊性和交流性群众团体,由王辉耀、王波明、田溯宁、王维嘉、汤敏、傅军、赵民、李山发起,理事成员包括李彦宏、李开复、杨澜等。
② 黄河科技学院:构建"三个体系"精准培育创新型人才 [EB/OL].[2017-06-16]. 人民网, http://henan.people.com.cn/GB/n2/2017/0616/c380476-30337381.html.
③ 董雪峰,王明艳,贺素霞. 基于CDIO模式的工科应用创新型人才培养模式研究[J]. 黄河科技学院学报, 2019, 21(05): 98-103.

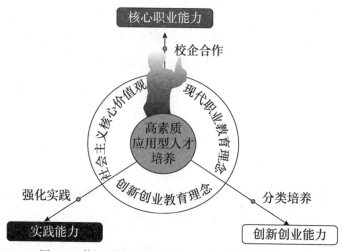

图 3-3 黄河科技学院有特色的应用型人才培养模式

资料来源：董雪峰，王明艳，贺素霞.基于 CDIO 模式的工科应用创新型人才培养模式研究 [J].黄河科技学院学报，2019, 21（05）：98-103.

特别是在机械类本科应用型人才培养上，针对课程体系设计，学校构建了与人才培养目标相匹配的课程体系架构，包括普通教育课程平台、学科核心课程平台、专业核心课程平台。为了更好地保证创新能力培养，在六个课程模块基础上，黄河科技学院建立了"四层次、八环节、三强化"的实践教学内容体系。四层次是基础工艺实习、生产实习、电子技术实习、数控技术实习；八环节是八个综合性训练项目；三强化是三组实践教学，强化专业应用能力、计算机应用能力及创新能力。在这个课程体系设计中，理论课程与实践教学既相互独立，又相辅相成，构成实践能力下有学科专业理论知识支撑的培养模式，可有效促进学生职业能力、实践能力及创业能力的提高。

教育改革重点以学生为主体、老师为主导，探索学习产出的教育模式（Outcomes-based Education）。机械工程学院院长张洛明提出"课程改革将以 OBE 教育理念为指引，打破传统的课程评价模式,从考察教师讲得如何到考查学生学得如何"。① 例如,以"科技论文写作"课程为切入点进行了教学课程改革,改革教学内容、教学模式及成绩评定方式,采用翻转课堂与研讨式教学相结合,促进培养效果与培养目标的达成度。从教学效果来看,它全面提升了学院的教学水平和人才培养质量。

二、西京学院:书院制管理模式的协同建设路径②

西京学院(Xijing University)是一所具有研究生教育资格的高水平民办高校。学校创建于1994年,2005年获批成为普通本科高校,2011年成为首批拥有硕士专业学位研究生培养资格的5所民办高校之一。学院现有14个院系、7个书院;5个专业硕士点,38个本科专业,14个高职专业。近年来,西京学院获批纵向科研项目460余项,横向课题1 700余项,科研经费达4.6亿余元,授权专利1 600余件,获得国家级科研奖2项,省级科研奖26项,陕西省专利奖1项。

(一)住宿式书院制——第一、二课堂紧密衔接,协同育人

西京学院实行"专业学院+书院"的协同育人模式。7个书院分别是万钧书院、行健书院、创业书院、至诚书院、南洋书院、允能书院及博雅书院,这些书院对应支持各专业院系的教育工作。院系是第一课堂,主要进行知识传授、思想引导;书院为第二课堂,主要进行文化熏陶、精神培养。西京学院制定了《院系与书院(关系)协同工作手册》《西京学院两院工作联席例会制度》,定期召开两院联席会议,既明确各自工作职责,又加强协同工作。在"双课堂"模式下,学生的整体质量和能力提升明显,在参加的学科竞赛、

---

① 机械工程学院课改出新招:OBE 理念引领工科教育改革[EB/OL]. [2018-12-29]. 黄河科技学院官网, http://www2.hhstu.edu.cn/jxgcxy/contents/989/144445.html.
② 该校相关资料来自官网和文献资料。

创新创业活动等重要赛事中，获国家级奖项2 858项。而且，西京学院涌现出很多优秀的志愿服务者，缔造了不少感人事迹。据西京学院的调查统计，92.4%的学生对所学专业感到满意，95%的学生对书院举措和效果感到满意。

（二）"1+4+N"学生综合素质培养工程

围绕1个中心"立德树人"，西京学院综合考查学生的4项素质与能力，即思想道德素质、科学文化素质、身心健康素质和创新能力，并切实将其纳入人才培养方案中，对学生进行考评，同时将成绩作为学生评定奖学金、助学金和其他评先评优的主要依据，并记入学生档案。通过学分认定与置换，广泛引导学生参加N类教育实践。

（三）导师制探索

西京书院成立了学业导师工作领导小组（校长为组长，主管教学和学生工作的副校长为副组长），并出台《西京学院学业导师工作条例》《西京学院大学生学业导师工作实施方案》等制度规范，为所有学生都配备学业导师，书院与院系通力配合协作，通过各种形式如走访、微信等与学生进行沟通交流。

（四）融入实践的硕士生培养创新机制

在硕士培养中，西京学院"四个一"（即一篇公开发表文章、一项专利、一项"真题真做"的企业项目和一张职业资格证书）的人才培养模式，取得了很好的效果。在课程建设上，严格把关专业学位理论课程体系，探索创新项目相关课程，并围绕专业基础理论与专业知识技能进行设计。对研究生的培养方案进行了多次修改，强调职业性，因材施教。在教师队伍建设方面，建立双导师制，以校内导师为主，同时也邀请校外导师参与学生的实践过程、项目研究、课程论文等多个环节的指导工作。在教学上，西京学院从实际项目入手进行教学，为硕士生搭建合适的实践基地（现已有13个研究生校外实践基地），为学生引入优秀的实践资源。在实践环节培养中，企业导师通过直接指导强化研究生培养的实用性，并在实践教学中让研究生实现"由学生到专业技术人员"的角色转化，且让学生进行阶段性汇报。

三、西湖大学：新型民办研究型大学的协同建设探索[①]

我国民办大学虽然取得了巨大发展，但主要还是以职业技术教育为主，与西方顶级大学相比，民办大学的办学整体质量和声誉不高，而且缺乏高水平的科研人才培养能力。为了深化高等教育办学体制改革、建设新型高水平民办高校并补充优质高等教育资源，浙江省政府大力支持社会力量兴办高水平研究型民办大学，并期望以西湖大学建设为契机，使其成为拔尖创新人才培养的摇篮、世界前沿科学技术的引领者、国际化的高等学府及中国高等教育改革的探索者[②]。

（一）"从零开始"：愿景使命

西湖大学（前身是"浙江西湖高等研究院"）位于浙江省杭州市西湖区的云栖小镇。它的成立倾注了社会各界有影响力人士的心血，2015年3月11日，以原清华大学副校长施一公教授、原清华大学经济管理学院院长钱颖一教授及南方科技大学校长陈十一教授为首的七名有志之士向国家提交了《关于试点创建新型民办研究型大学的建议》，并获得支持。2016年12月10日，浙江西湖高等研究院在浙江杭州举行成立大会，而后在2017年8月及2018年2月，西湖大学分

[①] 该校相关资料来自官网和文献资料。
[②] 可参考：阙明坤、陈春梅、王华. 我国建设新型高水平民办大学的背景、挑战与策略——以西湖大学为例[J]. 高校教育管理，2020，14（04）：32-41.

别获得了浙江省政府及教育部的批准。西湖大学是中国现有社会力量和政府支持相结合的研究型导向的民办大学重大体制创新。

2018年4月16日，西湖大学第一届董事会第一次会议召开会议决定：由钱颖一任董事会主席，施一公为西湖大学首任校长。2018年10月20日，西湖大学在浙江杭州举行成立大会，著名学者、诺贝尔奖获得者杨振宁，2016诺贝尔化学奖获得者Sir Fraser Stoddart教授及众多知名企业家，如大连万达集团股份有限公司董事长王健林、深圳市腾讯计算机系统有限公司董事会主席马化腾等参加了这次会议，并从资金、办学用地等方面给予了重要支持，这标志着新中国历史上第一所由社会力量举办、国家重点支持的新型研究型大学诞生了。从零开始打造一所世界一流大学是一件极具价值和挑战的事情，幸而在世界范围内有多所成功先例，如瑞士洛桑联邦理工学院、美国欧林工学院及中国香港科技大学等[1]。与这些新兴世界一流大学一样，西湖大学成立时就对自己的定位有清晰的认知，它致力于"集聚一流师资、打造一流学科、培育一流人才、产出一流成果，努力为国家科教兴国和创新驱动发展战略作出突出贡献"，并最终成为一所设置合理、定位清晰、发展潜力强劲、社会声誉良好的新型国际化高水平研究型大学。它的办学定位是"高起点、小而精、研究型"。

（二）先期实践与成果

1. 资金来源与校园规划

西湖大学的办学资金主要来自四个方面，即政府支持资金、自筹经费（主要通过西湖教育基金会捐款）、办学收入及竞争性经费。

---

[1] 菲利普·阿特巴赫（Philip Altbach），莉斯·瑞丝伯格（Liz Reisberg），贾米尔·萨尔米（Jamil Salmi），伊萨克·弗劳明（Isak Froumin).新兴研究型大学：理念与资源共筑学术卓越[M].张梦琪、王琪，译.上海：上海交通大学出版社，2020.

一开始，西湖大学就获得了政府充分财政与资源支持。杭州市西湖区通过"领军型创新创业团队"形式，按照"一事一议"的方式给予人才专项经费资助 4 亿元，其中第一期已到账 2 亿元^①。2016 年 2 月，由杭州市政府牵头成立"杭州市推进西湖大学项目建设指挥部"，在办学所需用地用房、民办教育专项资金等方面提供支持。关于自筹经费，杭州市西湖教育基金会是西湖大学的筹资主体，是西湖大学大部分资金来源的主要渠道。它向全社会筹措资金，这也是参考世界顶级大学哈佛大学等的资金筹措模式，有利于提升专家的办学自主权。2016 年，西湖大学与 12 位捐赠人签署协议，受捐金额超 4 亿元人民币，实际到账金额接近 2 000 万元。截至 2017 年年底，基金会协议筹款总额约为 23 亿元，实际到账金额近 8 亿元。截至 2018 年底，已有近万名捐赠人对教育基金会进行捐赠，其中大额捐赠人 98 位、创始捐赠人 36 位。基金会收到社会各界协议捐赠超过 43 亿元，到账金额超过 15 亿元[②]。西湖教育基金会接受的外界捐赠，既有大企业家的大额捐赠，也有普通民众的小额善款。2020 年 10 月 30 日，西湖大学获得财通证券捐赠 1 亿元用于校园建设。

目前，西湖大学有两个校区：云栖校区和云谷校园。云栖校区是西湖大学于 2016 年在西湖区转塘科技经济园区进行改造升级的 7 栋 7 层建筑，其中 4 栋主体建筑作为科研教学用房，并设约 130 个独立实验室。另外 3 栋作为办公用房、学生公寓、餐饮及后勤保障用房，云栖校区已成为西湖大学的技术创新基地和成果转化基地。而云谷校区还处于建设当中，它由德国海茵建筑设计有限公司承接设计工作，秉承"协同、一致、跨学科、合作、求知"的理念，有机融合自然环、学术环和生活环。云谷校区于 2020 年 4 月开工建

---

① 阙明坤，陈春梅，王华. 我国建设新型高水平民办大学的背景、挑战与策略——以西湖大学为例 [J]. 高校教育管理，2020，14（04）：32-41.
② 皮磊. 从 15 亿到 200 亿西湖教育基金会如何跨过筹资关？公益时报. 2019-04-16.

设，一期用地面积约 1 495 亩，已于 2021 年 10 月正式启用。云谷校区共有建筑 36 座，其中 2 座科研楼（学术环包括了 4 座辅楼）占用了一半的建筑面积，另有学术会堂、师生服务中心、教师活动中心、学术交流中心各 1 座。学术环将不同的学科连接在一起，促进多学科的分享和交流。目前，共有 4 个重点实验室。

2. 学校治理

学校制定了《西湖大学章程》，建立董事会领导下的校长负责制。董事会为学校最高决策机构，同时设立监事会、顾问委员会、校务委员会、学术委员会和学位委员会等。章程规定，1/3 以上的董事应具有 5 年以上高等教育教学经验。首届董事会的成员由杭州市西湖教育基金会代表、学校校长、学校中共党组织主要负责人、学校顾问委员会推举代表、地方政府代表、教职工代表及学生代表等组成。首届董事会成员共有 27 人，其中包括 13 名学界人士、9 名企业界人士及 2 名政府代表，还有学生代表及公益组织代表。另外，施一公、钱颖一与潘建伟还是第十三届全国政协委员。此外，西湖大学还成立了中共西湖大学委员会，负责确定社会主义办学方向，参与学校重大事项决策管理。这样可以建立董事会和校长依法行使职权、教师治学、民主管理、社会参与的大学治理体系。

在院系设置上，西湖大学主要设立了生命科学学院、理学院和工学院。西湖大学将聚焦理学、医学、工学三个学科门类，坚持发展"有限学科"理念，并实质推动跨学科交叉与创新，为世界和人类探索未知、开创未来。在部门设计上，专门设置了科技合作部、成果转换办公室来管理科研成果及其转化。

3. 一流师资招聘

构建世界一流水平大学，必须拥有世界一流的师资力量。在师资组建方面，西湖大学先后引进了仇旻、许田、Alexey Kavokin 等讲席教授全职加入西湖大学，通过 8 次全球人才招聘，从 5 000 余名申请者中，选聘了 68 名 PI（独立实验室负责人、博士生导师）；同时，已有来自 13 个国家的 68 位优秀科学家签约加盟西湖大学。这批创校教师主要分布在物理、化学、工程、信息、生物、基础医学等学科领域，均在各自研究领域拥有世界领先水平。他们将是西湖大学理学院、工学院和生命科学学院的奠基教师。另外，2019年，西湖大学设立了四席永久性冠名讲席教授的职位，其中包括一席"国华讲席教授"和两席"国强讲席教授"，授予引进的世界顶尖教授。

西湖大学对学术评价也将进行改革。它会抛弃传统的学术论文数量、引用率、学术期刊影响因子等主要指标，而是以研究成果在相关领域的前沿性以及是否取得实质性进展作为西湖大学学术评价的关键。在这种评价机制下，会体现更多的人文关怀，有利于营造更严谨、宽松、自由的学术氛围，这也将成为西湖大学独特校园文化的一部分。

4. 联合人才培养模式

西湖大学采取人才联合培养模式。西湖大学在创建的前六年（2016—2022 年），致力于培养博士研究生。例如，与高等学校联合培养方面，与复旦大学、浙江大学合作，联合招收西湖一期、西湖二期博士研究生 139 人，还与上海海洋大学、兰州大学、哈尔滨工业大学及昆山杜克大学等高校建立了战略合作关系。在国际高校协同上，西湖大学将与瑞典皇家理工学院、以色列希伯来大学、美国康奈尔大学、威斯康星大学麦迪逊分校、圣路易斯华盛顿大学、澳大利亚莫纳什大学等高校开展学生交换访学、校际学术交流、科研合作。与企业联合培养方面，如与碧桂园集团博智林机器人公司设立联合研究院，双方将在人工智能、机器人技术研发与应用、人才培养等方面开展全面合作，将引进全球智能机器人领域的顶尖学者，携手打造世界一流的机器人研发基地。

(四)未来发展与挑战

西湖大学致力于成为"小而精、研究型"的世界顶级高校,而整个社会也都非常支持、鼓励建设西湖大学。我们相信,当全社会都怀抱满腔热忱投身到这项伟大的高等教育体制改革中时,西湖大学一定能取得更好的协同发展。社会为西湖大学提供更多资金及有利的制度环境,而西湖大学也将产出更多精英人才与引领性的科研成果来服务社会。但是,西湖大学如何在有限学科发展理念下取得卓越研究成果与培养出精英型人才,这是未来需要重点思考的问题。此外,现在西湖大学在内外制度环境中面临不小的挑战,比如,它至今还没有博士学位授予权,也没有本科生招生资格。西湖大学期望在 2026 年在校学生达到 5 000 人左右(其中研究生 3 000 人,本科生 2 000 人);助理教授、副教授、教授(含讲席教授)约 300 人;研究人员、教学人员、技术支撑人员、行政服务人员约 600 人;博士后约 900 人。为了达成这一目标,西湖大学依然有很长的路要走,在未来需进一步借鉴世界优秀大学的成熟经验,在人才培养模式、科技评价标准和现代大学管理机制等方面继续探索。

第三节 典型世界顶级私立大学的协同建设启示

一、麻省理工学院:研究导向的全方位协同路径[①]

麻省理工学院(MIT)是位于美国马萨诸塞州波士顿的世界著名私立研究型大学,以顶尖的工程学和计算机科学闻名。MIT 的理念中强调"知行合一,创造世界",它在教育、研究及创新上的表现值得学习。在教育与人才培养领域,MIT 关注激发学生的探索热

---

① 该校相关资料来自官网和文献资料。

情及多元化学区的智慧碰撞,并致力于为学生提供一种基于严谨的学术研究的教育。MIT 人才培养的定位是提升毕业生的能力和热情,让每一个成员能为了人类的福祉而明智、创造性和有效地工作。在科学研究方面,与 MIT 相关的校友、教职工及研究人员中有超过 90 位的诺贝尔奖得主,并取得了很多世界领先的科学成果。他们致力于创造、传播和保存知识,并与其他机构合作,将这些知识用于应对世界上的重大挑战。在创新表现上,MIT 关注通过科学研究促进理论与实践的发展与创新。例如,在麻省理工学院的剑桥区,产生于 2009 年的"创新大本营"计划已孵化出一个独特的医药生态系统。如今 MIT 与政府、企业、行业、高校及科研机构等构建了全方位的高校协同机制。

(一)治理结构

《麻省理工学院章程》规定,MIT 的法人成员数量最多为 78 名,包括州当然成员、学校当然成员、终身成员(最多不超过 25 人)、任期成员、校友提名成员等[①]。在 MIT 负责学院治理的 72 名董事会成员中,包括大学校长、副校长、教授、博士生等在内的学界人士或专家共计 12 人(17%),企业高管有 52 人(占比 72%),在 MIT 法人治理决策过程中具有重要的影响地位[②]。同时,以校长为首的行政管理团队组成了管理权力机构,教职工大会是最高学术治理机构,MIT 呈现出多元协同、专业分工及协商共治的治理特征[③]。这有效实现了学术权力、教学权力与行政权力分治,办学权与管理权分离,外部法人的决策支持也保障了 MIT 的协同发展。在学院结构上,设

[①] Massachusetts Institute of Technology. By laws of MIT[EB/OL]. Cambridge: MIT Office of the Corporation, http://web.mit.edu/corporation/bylaws. Html.2012-12.

[②] 董钊.世界一流大学治理结构探析——以 MIT 为例[J].现代教育科学,2019(04):45-49+54.

[③] The MIT Corporation[EB/OL]. http://corporation.mit.edu/membership/all-members.

立有 6 个二级学院，包括建筑与规划学院、工程学院、人文艺术社会科学学院、麻省理工斯隆管理学院、理学院及麻省理工斯蒂芬 A. 施瓦茨曼计算机学院，由它们负责相关教学与科学研究等。

（二）与政府的协同共生

MIT 与政府构建了积极的协同共生关系，政府在 MIT 科技成果转化应用中起到了巨大的推动作用。著名的"工业联盟项目（Industrial Liaison Program）"的产生就是起源于美国军方对 MIT 的技术开发委托。MIT 校友马歇尔（Laurence K. Marshall）等创办的雷神公司是一个军工领先巨头，早在二战期间它就为军方生产雷达使用的磁控管，此后更是与国防部建立了紧密联系，为其提供整个雷达系统。据《软件工程通史》作者卡珀斯·琼斯（Capers Jones）介绍，在早期，美国军事和国防的科技软件使用占据了市场的 50%，可以说，这个产业就是被国家带动的。同样，政府也推动了 MIT 的技术产品引爆整个产业集群的增长。例如，在军方项目中工作的 MIT 教授肯·奥尔森（Ken Olsen）带领团队在美国数字设备公司（DEC）研制了世界上第一台小型计算机，军方和政府为其提供了大量的资金与项目支持，因此计算机集群产业得以发展。同时，美国联邦政府还与 MIT 一起建立风险投资基金，为初创公司提供融资服务，进一步促使产业集群的快速发展。

（三）与企业、产业的协同共生

在产学研生态中，MIT 是企业及产业发展背后的主角，在产业发展领域，MIT 校友创建的公司至今仍然活跃的有 3 万家，在 2014 年，这些公司年报营业总收入约为 1.9 万亿美元，甚至超过了 2018 年在全球排名第十的经济体加拿大（GDP 为 1.73 万亿美元）。工业联盟项目是 MIT 与产业界高度协同的一扇窗口，它是全球产学研结合最成功的 MIT 组织中的内核。近 200 多家全球顶级公司都是它的合作伙伴，包括苹果公司、英特尔公司、通用电气等。它设置有专门的办公室，负责客户与 MIT 专家学者的互动交流与合作研究，邀请会员企业参加 MIT 相关会议及专业培训，提供 MIT 的科研信息资源服务，包括最新研究信息和技术动态等。麻省理工学院还建有"产—学"合作研究中心。MIT 一直鼓励学生创业，并支持教师发挥"创业导师"作用，为企业提供咨询指导服务。特别是，MIT 还构建了七阶段的"孵化器体系"——MIT 创新创业生态系统，在每一阶段，都会有专业化的辅导机构指导（如图 3-4），这样就建立起了完善的科技成果转化机制[①]。同样，企业也会对学院进行投资，支持相关研究和发展。

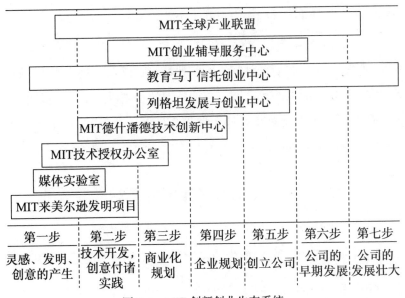

图 3-4　MIT 创新创业生态系统

资料来源：黄亚生、张世伟、余典范、王丹．《MIT 创新课》．中信出版社，2015.

---

① 黄亚生，张世伟，余典范，王丹．MIT 创新课 [M]．北京：中信出版社，2015.

（四）学校内部及与其他高校、科研机构的协同共生

MIT极其看重多元主体合作，并推动跨学科的协同研究。早在1968年就与伍德沃尔研究院建立了合作关系，它们共同设立了很多研究小组，组成跨学科团队共同服务主项目。同时，MIT在学院内部及学院之间构建起了跨学科课程与研究体系，创新地推出有利于跨学科教育的教学形式如实验研究小组（Experimental Study Group, ESG）[①]等。在跨学科课程设计方面，MIT注重知识的整体性与交叉学科的融合性，如开发D-lab跨学科研究计划并提供能源、健康、教育、信息等16个跨学科研究课程；跨学科研究项目则集中学科优势资源开展共同研究[②]。MIT在本科生教育到研究生教育的各个阶段都开展了不同层次的跨学科项目，一些跨学科研究项目还设立了专门的学位计划，并以此为基础成立了几十个跨学科研究组织和跨学科科研中心[③]。同时，MIT建立了跨学科科研平台，包括跨学科研究中心、跨学科实验室、跨学科研究计划、跨学科研究课题四大类[④]。MIT还与新加坡科技大学组成跨校联盟、与清华大学和剑桥大学成立低碳能源大学联盟、与清华大学及复旦大学联合创办"国际MBA项目"等，这些国内国际协同合作都显现了MIT的开放合作与追求创新的精神。

二、加州理工学院[⑤]

加州理工学院：社会服务的"精英式协同教育"

加州理工学院是世界顶尖的私立研究型大学，也是公认的最为

[①] 该教学模式主要在大一本科新生中开展，参与的教师和学生来自不同的专业，鼓励并通过小组学习和一对一对等的教学来代替传统的大规模授课形式。该模式先在生物、化学、人文、物理、数学等核心学科小范围展开。
[②] D-lab,MIT Courses[EB/OL]. http://d-lab.mit.edu/courses/2013-03-11.
[③] Interdisciplinary Research and study[EB/OL]. http://web.mit.edu/catalog/inter.resea.html/2012-12-08.
[④] 王曼骅. 美国麻省理工学院协同创新实践研究与启示[D]. 河北大学，2016.
[⑤] 该校相关资料来自官网和文献资料。

典型的精英学府之一，它是一所专门从事科学与工程研究和教学的私立大学。发展至今，加州理工学院的历任校长都是科学界的领军人物，因而其发展科学研究的理念一直是其办学灵魂。截至 2017 年年底，加州理工学院共有 37 名校友或教授获得了诺贝尔奖，每千人毕业生中就有一人获奖，成为世界上诺贝尔奖获奖密度冠军，获奖领域包括生理学、医学、物理学等。例如，默里·盖尔曼（Murray Gell-Mann）提出夸克理论并于 1969 年获得诺贝尔物理学奖；生物学家马克斯·德尔布吕克（Max Ludwig Henning Delbrück）基于病毒的遗传结构和复制机理研究催生了分子遗传学的诞生，并因此获得 1969 年的诺贝尔生理或医学奖[①]。

（一）治理结构

与 MIT 类似，在学院治理结构上，加州理工学院采用的是"单轨制"，即二级学院类型较为单一，学院设置既没有基础性学科与应用性学科的集群化分类，也未就学生培养的不同层次进行分层[②]。加州理工学院的二级学院包括生物科学学院，工程与应用科学学院，化学与化学工程学院，地质学与行星科学学院，物理学、数学与天文科学学院及人文与社会科学学院。在学校办学中，加州理工学院始终坚持"小而美"的理念，各学院及学科不追求过多，范围不求过广，只求高质量、严标准。

（二）人才培养的科研协同

在课程教学之外，加州理工学院鼓励学生积极参与科学研究，在科学研究过程中锻炼自己的学习能力、独立思考能力、分析问题和解决问题的能力。目前，一多半的本科生都参与了研究项目，本

---

① 张廷朝. 加州理工学院：精英教育的典范 [J]. 教育与职业，2010（28）：93-95.
② 石中英，安传迎，肖桐. 我国 C9 大学与英美顶尖大学学院设置的比较研究 [J]. 高等教育研究，2020，41（08）：94-100.

科生参与科研有多种途径，包括论文（Senior Thesis），学术学分研究课程（Research Courses for Academic Credit），教师资助或合同下的薪酬研究（Research for Pay under a Faculty Member's Grant or Contract）和夏季本科生研究奖学金项目（Summer Undergraduate Research Fellowships）等。加州理工学院还为本科生专门设计跨学科研究计划，并配备来自不同专业的教授来指导。

（三）偏向科学研究的协同建设

加州理工学院的使命是"扩展人类知识，将研究融于教育以服务社会，并培养富有创造力的学科和行业领袖"，这样的定位也使得其非常关注科研、教学与实践。加州理工学院发展的引擎是科学研究。如 2005 年，加州理工学院预算超过 5 亿美元，但学费收入仅占 3%，其科研收入占了 48%。而且，加州理工学院与社会各层面都建立了协同共生关系。在资金来源上，加州理工学院于 2008 年签订了一项为期 6 年的募捐活动，面向 16 000 个捐献者募集超过 14 亿美元的资金作为支援加州理工学院的研究计划。

加州理工学院与政府建立了深入的合作关系，政府不但在国家层面上制定了有利于科研的政策，也直接提供了较大的资金支持，如由加州理工学院代管的"喷气推进实验室（JPL）"的资金份额占到政府拨款总数的 30%[1]。加州理工学院还有许多具有世界先进水平的实验室和设备，包括 50 多个先进的研究中心或研究所，其中有天文学研究中心、布斯计算中心、Kerckhoff 海洋实验室、NASA 的喷气推进实验室（JPL）等享誉世界的研究中心。这些研究中心或研究所成为加州理工与政府、高校、科研机构合作的重要载体。为了使科学研究面向实践，加州理工学院的各院系每年都邀请产业界和

---

[1] 孔颖. 美国私立高等精英教育的典范——加州理工学院[J]. 民办教育研究，2006（06）：100-102.

其他研究机构的专业人士为其提供产业信息分享与实践指引。此外，在学院内部的学术研究中虽然充满竞争，但研究是以团队的形式展开并会相互协作完成项目或课题研究。

三、两所顶级工学院协同建设路径核心特征

通过研究发现，两所顶级工学院协同建设路径都是在多元主体治理结构基础上，以科学研究为中枢，最后实现"科教融合"与"产教融合"的。它们协同内外的路径包括治理逻辑、学科逻辑、协同逻辑等。

（一）治理逻辑：治理结构以"多元，分工，稳定"为特征

无论是麻省理工学院还是加州理工学院，它们的法人结构是多元化的，既包括来自政府的代表，也包括学校及产业界人士。而且，它们都以集体决议来行使管理权，学术权力、行政权力相互隔离、各司其职，为高校老师自由开展科学研究提供了较好的制度保障。同时，它们在学院治理上设置较少数量的二级学院或部门等，且在多年变迁中学院设置稳定性较好。清华大学石中英教授团队研究发现，关于二级学院数量，麻省理工学院、加州理工学院的二级学院的数量均为6个，其他英美顶级理工高校二级学院数量也都较少，而我国C9（即九校联盟，C9 League 或 China 9，包括北京大学、清华大学、哈尔滨工业大学、复旦大学、上海交通大学、南京大学、浙江大学、中国科学技术大学、西安交通大学共9所高校）大学中的理工类大学（包括中国科学技术大学、上海交通大学、西安交通大学、哈尔滨工业大学）则约为27个。尽管数字技术如大数据、人工智能等催生了新的学科方向与专业领域，但这两所高校大多倾向在学院内部增设研究方向或科研中心，其学院稳定性远高于我国C9大学。21世纪以来，仅麻省理工学院增加了一所二级学院，而国内北京大学（新增36个）、

清华大学（新增 23 个）及中国科学技术大学（新增 25 个）等都增加了数十所二级学院。较多的学院数量或类型会导致各学院间壁垒增加，也不利于不同学院科学研究与人才培养的交叉和整合。

（二）学科逻辑："通识教育"+"专业教育"+跨学科教育

通过观察，麻省理工学院与加州理工学院并未覆盖所有的理工类专业，但在现有专业基础上，它们提供的教育是"通识教育"+"专业教育"，并提供跨学科的学习和研究机会。根据石中英教授团队的研究，MIT 与加州理工学院的学科层级较高，学科聚集程度也相应较高。相对来说，它们注重从基础学科与应用学科这一维度进行整体设计。MIT 设计有 21 门通识课程及一系列专业入门课程、专业基础课程、专业中级课程和专业高级课程。MIT 还构建起了跨学科课程与研究体系。加州理工学院主要是设计核心课程与专业课程协同体系。核心课程（或通识课程）要求所有专业的本科学生都修读，主要安排在第一、第二学年。学生在第一学年末才选择专业，第二学年学习核心课程的同时开始学习专业课程，第三、第四学年集中精力专攻所选专业与领域的课程。同时，加州理工学院专门设计跨学科研究计划，以生物工程专业为例，该专业注重将生物学同工程学、力学、物理学、计算机科学和医学等领域结合起来，形成跨学科课程，并对学生展开跨学科教育。这种学科设计逻辑提升了学生发现、分析和解决工程学科内部问题及跨学科领域中挑战性问题的能力。

（三）协同逻辑：科学研究引领协同建设

科学研究是两所顶级学院进行协同建设路径的核心。在麻省理工学院，超过 85% 的本科生通过本科生研究机会计划（Undergraduate Research Opportunities Program），参与一线教师主导的研究，来扩展他们的教育及研究经历。而在加州理工学院，大学新生都有机会参与研究。它们会以科学研究为导向，吸引包括公民、联邦政府和商业界对学校的支持，吸引社会资本支持科学技术研究和高等教育。尤其是，加州理工学院设计有多个资金来源渠道，包括学杂费、经费赞助与合同、捐赠、基金收益、企业支持和从规定用途的净资产划拨所得等几方面。这使得社会各方都有机会参与学校的科研和教育中，形成以科学研究为引领的大协同建设。

产学研协同模式

高校、政府与产业的互动是紧密相连的，"科教融合"与"产教融合"是多元主体互动的核心。它的协同模式包括科技园区模式、产业与大学合作研究中心、企业孵化器等。科技园区模式是以大学为基础，联合企业和科研机构在学校周围创建科技园区，并实现从技术发现到产业化的链式全程研究开发。加州理工学院就在硅谷科技园，麻省理工学院附近是波士顿128号公路高技术园区。产业与大学合作研究中心是以大学为中心建立的产业协作组织，由美国国家科学基金会管理实施，如MIT的ILP产业联盟。企业孵化器是培育新产品和培育新企业的产学研组织模式，如MIT的七阶段"孵化器体系"。在MIT积极推动的人工智能发展中，它主张构建"政府—大学—企业"多方合作的模式，构筑新型的科研、教学、创业"孵化"台，吸引全世界的机构开展共同国际合作，着力提升顶尖大学在智能领域的研发能力、教学能力和创业能力。

第四节 具有中国特色的民办大学协同建设的四个体系探索

我国民办大学虽然在协同建设上做出了一定探索，并在一些领域取得了较好效果。但总体上还存在科研薄弱、治理结构混乱、高层次人才培养落后等问题，未来的中国特色新型民办大学协同建设可以重点考虑以下几点。

一、多元价值主体协同管理体系探索

（一）政府层面

新型民办大学的建设离不开政府的大力支持。从现有成功的新兴研究型大学来看，国家是它们强有力的后盾。政府需要在资金支持、财政政策、资源投入、学校运行的相关法律与监管等各方面为民办大学发展提供制度保障。在民办教育中，政府的定位与政策是关键。《国务院关于鼓励社会力量兴办教育健康发展的若干意见》中强调，可以推广政府和社会资本合作模式，让社会资本参与教育基础设施建设并提供专业服务，可探索举办混合所有制职业院校，允许资本、知识、技术、管理等要素参与办学并享受相应权力，并致力于解决民办高校发展不充分、不均衡、不规范的问题。这里面的关键之一是需要政府厘清民办高校中的分类管理，给予相应政策扶持与更多自主权，提供专项基金，让民办高校可持续发展。顶级民办大学要明确是培养顶级工程科学人才还是培养卓越引领型工程人才，进而获得政府的针对性支持。

政府还需要制定相应的运行管理与赋能措施。2020年2月19日，中共中央办公厅、国务院办公厅印发《关于深化新时代教育督导体制机制改革的意见》，提出各地政府要加强对民办学校的全方位督导，并要帮助优化管理体制与运行机制，建立中国特色社会主义教育督导体制机制。各级政府要转变角色，以服务赋能为核心，建立专门的民办教育的管理与赋能机构。各级政府还要完善民办教育相关政策法规，引导、吸引各方投资办学。在征地、税收、贷款、补贴、购买服务及基金奖励等方面，政府要保障民办学校和师生的合法权益。在激励高校及教师深化"产业协同"上，政府可以鼓励高校与企业联合建立技术创新平台，帮助指导建设产学研精准对接机制，而且政府需完善在知识产权及利益分配等方面的政策，保障老师、学校等各方面的利益均衡。对于学校的教育评价，也需要建立教育督导部门统一归口管理、多方参与的教育评估监测机制，为改善教育管理、优化教育决策、指导教育工作提供科学依据。

（二）高校层面

民办高校要更新理念、创新制度，响应国家社会需求，构建自主合作的教育体系。在自主治理方面，民办高校虽然建设有内部管理体制，但基本形同虚设，话语权集中在少数人手中。民办学校的内部规范与制度建设需要从"任性"到理性、由粗放到精细进行转化，要建立以党组织为政治核心的健全有效的"多元价值主体"董事会与监事会制度，建立科学决策执行及监督机制。在构建顶级民办大学时，更需要遴选卓越大学领导者，帮助构建合适的管理团队、规划与监管框架。民办高校要确立自己的办学教育理念，构建高素质、稳定的教师队伍，建立高效的人才培养体系与制度规范。同时，要完善学校章程，落实相关产权制度，完善信息沟通机制，形成各组织机构及制度之间高度契合的内部运行机制。在合作治理方面，高校之间可以开展联合培养合作，实现优势互补、协同发展，并可以互选课程、共同指导。高校还要与企业进行深度合作，探索高效的产学研协同模式，可以利用企业的经济实力、机器与实验设备来进行实践教学，提升产业协同效率。民办高校要密切联合其他学校、企业、研究机构等，共建共享资源，构建学研共同体。

（三）企业与行业层面

要鼓励企业适度参与民办学校的运行中。在支持民办大学的过程中，要建立切实的企业利益保障机制和制度。这样企业可以真正深度参与工程人才培养的目标定位、方案设计、课程体系、教育教学方法及教育评价等，并与学校老师组成"双导师制"。企业可以提供基于实践的教育，通过"基于项目的教育和学习"，可以将实践教育与理论教育理念相融合并传授给学生。

总体看，民办大学要建立高效的政产学研组织，需以大学联盟为载体，政府政策为支撑，借鉴顶级工学院的协同建设逻辑，共享研究资源、教育资源和信息资源，并根据各高校的特色优势，与企业开展产学研创新合作与人才培养，以满足国家战略及社会需求。

二、民办教学中的教育教学协同体系探索

民办高校需要开展多层次、宽范围的教育交流与合作，借鉴先进的教育理念和教育实践经验，促进我国民办教育的改革发展和教育教学协同体系构建。新建民办大学早期需要与顶级大学或专家之间建立关系网络，将他们吸引到全新大学的设计与运行中。教育对外开放是逐步推进的过程，也是引进优质教育资源、提升人才培养质量的重要途径。中外合作办学是教育对外开放的重要内容，我国目前搭建了教育合作交流平台，与188个国家和地区建立教育交流合作关系。如何与国家经济社会对外开放的要求相匹配，培养大批具有国际视野、通晓国际规则、能够高效参与国际竞争的工程人才是民办教育需要关注的重点，也是现在国内民办教育比较落后的地方。当教育中融入国际元素，又有中国特色时，民办教育才有生命力。民办高校要与国际顶尖大学开展系列科研教学、联合培养合作，吸纳国际顶尖大学的优秀经验，解决大学间协同之困。

三、科研导向的师资队伍与教师评估体系建设

在新建顶级民办大学时，有些关键节点值得关注，包括明确高校使命愿景、聘请学术带头人与设计治理体系、详细设计与制定实施计划、招聘教师与课程体系设计、校园设计与基础设施建设及招收学生与培养等[①]。其中，具有高水平研究与教学能力的师资队伍建设是教育质量的重要保障，也是高等教育内涵式发展的要求。现在的民办高校中师资队伍建设普遍缺乏强有力的纲领与规范。首先，民办高校要明确建立师资队伍的目标与使命，在招聘与师资管理上加强科研导向和创新与服务理念。在师资建设上，要构建学术领先、教学卓越的教员队伍，在全球范围内招聘顶级研究型教师，以解决"科研协同"之困。高校要有"教育大计，教师为本"的意识，可以在教师地位待遇、教育体系与管理机制方面进行优化。其次，民办高校要鼓励教师自我成长，创造良好的科研氛围。借鉴优秀大学及企业经验，构建创新人才的培训基地，致力于打造顶级教学研究平台范式，融合协同各方优势资源。此外，对老师的评价要多元合理，要兼顾师德，采取综合性评价机制，让老师能够在科研创新、学生教学和社会服务等方面多轨运行。

四、"通识教育"与"专业教育"并重的中国特色学科体系设计

在人才培养中，民办高校要致力于构建"通识教育"与"专业教育"并重的中国特色学科体系设计。民办教育的历史相对较短，积淀及学术底蕴不够深厚，教育办学资源都较为落后。为了获得更

---

① 菲利普·阿特巴赫（Philip Altbach）、莉斯·瑞丝伯格（Liz Reisberg）、贾米尔·萨尔米（Jamil Salmi）、伊萨克·弗劳明（Isak Froumin）.新兴研究型大学：理念与资源共筑学术卓越[M].张梦琪、王琪，译.上海：上海交通大学出版社，2020.

快发展，民办高校普遍的做法是迎合社会需求，开展"特色专业"，追求就业率，这使得其在教育当中缺少对学生的理念灌输及人文素质的培养。很多民办高校过度重视职业技能培养与实践操作，大多强调"工具理性"教育，忽视了人文教育，这对学生的全面发展极为不利。民办高校需要树立"全面育人"的办学理念，不但要进行专业教育，也要进行人文教育、劳动教育和公德教育。民办高校还可以合理增设中国特色人文课程，进行人文教育与专业教育的有机融合，并创建具有中国特色人文精神的教育环境。只有注重学生的全面发展，民办高校培养出来的人才才能真正适应社会与国家的需求，民办高校才能建立长效发展机制。因而，国家和地方高校要以一流学科为抓手，开展"通识教育"与"专业教育"并重的中国特色学科体系设计，搭建一流学科对接区域产业的发展模式，布局引领未来技术和产业发展的新兴学科。

第四章
工学院建设战略规划的关键点

> 生物体的适合度不仅取决于生物体本身,还取决于所处的环境。
> ——伊恩·斯图尔特(Ian Stewart)

关键点一:与国家产业升级相契合

产业升级一直都是与国家智力资源升级和大学教育发展紧密相连的。1862年美国的《赠地法案》催生了一大批州立大学,推动了美国的农业机械化和工业化进程。第二次世界大战和"冷战"期间美国对高技术的迫切需要,促进了麻省理工学院、佐治亚理工学院和加州理工学院等一批理工大学的发展。以信息技术为代表的产业革命,则与斯坦福大学的崛起紧密相关。

我国的产业转型与升级对信息化、智能化、低碳环保提出了较高要求,亟需学科交叉融合,急需培养一批复合型、实践型人才。人工智能、生命健康、先进材料、新一代信息技术等产业的发展,需要高校改革现有课程体系和评价体系,提出一批符合产业真实需求的实践课题。要解决产业的问题必须首先解决支撑产业的底层要素问题,土地、资源、人才及技术等,产业的变革是这些要素改革的一个综合演化的结果,其中技术是最难获得的。因此,全面提高产业技术创新人才培养质量,加快推进产业科技自立自强,是开启"十四五"新征程、实现国家发展新战略的重要前提和根本保障。

作为科技创新主力军的高等学府,在如何支撑国家发展战略,如何服务引领产业发展等方面,具有义不容辞的责任,此责任践行的力度与质量,关系着国家及全球的发展。

关键点二：突破大学教育的困局

目前，世界上很多国家的大学都在重新思考新形势下的教育。2021年斯坦福大学正式推行新的本科生教学改革方案，提出不仅要加强学生的知识、能力和人文素养，更应当使学生具备整合知识和创造知识的能力。它试图让低年级学生参与项目的设计和研究，使其在创业氛围之中，独立完成项目申请、资金募集、计划拟定、组织架构等一系列项目的研究工作。北京大学也试图通过建立更多跨学科项目和给予学生更多选择，调动学生的创造潜力。

无论是中国大学，还是美国大学，都有自己根深蒂固的教育传统。院系和教师都非常重视本领域的知识传授，却往往会忽略学生的成长和体验。因此，包括北京大学和斯坦福大学的教育改革，都遇到了来自院系和教师传统教育思想的很大阻力。

这促使教育界的一些有识之士，试图通过建立新的学校，从源头上建立新的教育体系，真正培养更具创新精神和能力的优秀人才。美国的欧林工学院、密涅瓦大学等就是在工程教育和人文教育上所做的新尝试。

关键点三：探寻高等工程教育改革的意义

从全球范围看，工程教育与产业升级、创新创业和经济持续发展密切相关。法国的工程教育注重基础和工程实践，以巴黎高科为代表的一批高等专科学校为法国培养了众多工程领域的精英人才。德国工程教育注重实践，既有技术人才培养职业学校，又有一批工科大学。美国工程教育更加注重创新和实践，使美国在工程和技术领域拥有大量创造性人才，这也是美国能够始终在多个产业领域引领世界的重要基础。

中国大学在过去40年的发展取得了令人瞩目的进步，但是中国高校教学科研的现状却越来越引发人们的反思。近20年的招生规模急剧扩大，精英教育模式被大众教育模式所取代；论文、专利、获奖等量化指标成了主要评价标准；科研方面，跟踪研究多，原始创新少；缺乏与工程问题的有机深度结合；工科教师自身的工程素养不足（一年以上企业工作经历的比例不到5%）；与企业合作的主要方式是横向课题，替代了企业部分工程师的作用，但是对企业创新性的技术进步支撑不够。

现有大学培养创新人才的不足更是我们关注的重点。"重理论轻实践、重知识轻能力""学而不用，用而不学"成为令人担心的事实，主要体现在以下三个方面：第一，课程设置与社会需求脱节，评价指标与培养目标脱节；第二，实践平台与培养要求脱节，个人定位与专业标准脱节；第三，专业学位与学术学位研究生同质化。

中国高等教育必须要做出改变，我们需要一批自己的人才培育和储备中心，以此来实现对新经济发展的支撑功能。

关键点四：从本科开始做起

根据教育的一般规律，人的创新能力要从小开始培养。从儿时玩耍到养成兴趣爱好，再逐步养成探究的思维习性。我们的大学教育要保持和培育学生的好奇心和探究精神，必须从本科教育开始。

我们倡导从本科教育入手，重新构建工程人才培养体系。我们将秉承共生理念，把课堂教学与工程实践相结合，把知识传授与知识创新相结合，把专业知识与价值观培育相结合，充分发掘学生的创造潜力，使学生的四年本科学习和生活更有价值和意义。

目前，世界很多国家的大学都在重新思考新形势下的教育。斯坦福大学的《本科教育改革报告》呼吁需要让学生具备整合知识和创造知识的能力，并试图让低年级学生参与项目的设计和研究项目。哈佛大学通过通识教育改革或完善持续推动学生的创新发展，麻省理工学院则一直希望面向未来并通过UROP、D-Lab等各种实验项目实现学生的各种无边界活动和长远发展。还有，苏黎世联邦理工学院通过国际化教学体系及紧密的产学研合作等手段打造培养面向未来的创新型人才。这些都启发我们仔细思考,在未来如何给予老师和学生更多选择,激发他们的主动性、创造潜能和开展负责任研究的行为。

关键点五:以新学科作为切入口

从国内外一些大学发展的实践看,在较短时间内建成一所高水平大学也并不是纸上谈兵,关键是找准切入点和突破口。比如,新学科的建立、优秀学者的引进、社会资源的整合、新教学与教育模式的创新,等等。

美国欧林工学院创设于1997年,其目的是为美国培养真正的工程人才,在欧林工学院创始人看来,美国在全球范围内成功应对技术创业要依靠工程师的培养。欧林工学院本着这样的初心,经过20年的发展,已经成为全球最具影响力的工学院。中国香港科技大学开办仅27年,新加坡南洋理工大学也是用了不到50年的时间,成长为世界一流大学。

事实证明,只要能创新发展模式,符合市场与经济发展的需求,就完全有可能在较短的时期内实现高水平大学建设的宏伟目标。

第五章
建设世界卓越工学院的实用性建议

> 如果这个国家要应对科学的挑战并充分利用科学的潜力,就必须尽早采取行动。我们国家的未来,在很大程度上取决于我们将科学用于解决未来问题的智慧。
>
> ——范内瓦·布什(Vannevar Bush)

在知识社会,大学教育一定是社会可持续发展最重要的引擎与支柱。我们认为,未来的领袖今天正在校园里漫步。麻省理工学院的理查德·莱斯特(Richard Lester)认为大学是一个不断创造未来的"搅拌器(churning machine)"。由此,我们完全相信,卓越大学能够为社会培养领袖级人才,创造新世界,推动人类社会繁荣发展,促进技术向善及社会进步。最重要的是,在今天,对于工学院来说是一个绝佳的机会,只要我们把重点放在面向未来的全球性挑战问题上,关注那些充分运用技术创造新价值的方向,并致力于人才培养与知识价值创造,卓越非凡的大学就会出现。

中国是制造业大国,正在向制造业强国转变。要实现从"中国制造"向"中国创造"转变,关键在人才。作为一个制造业大国,我们的工程教育应当是多样化和多层次的,既要有重视科学研究的工程科学教育,也要有重视实践能力的工程技术教育,还应当有重视创造的卓越引领型工程教育。在工程技术教育、工程科学教育以及卓越引领型教育这三种工程教育的模式中,未来的顶尖工学院将主要采用工程科学、卓越引领两种教育模式;工程技术教育则可能会成为地方工科大学和高等职业学校的主要教育模式。

正是本着这样的理解,我们展开了对世界卓越工学院的战略规划研究，相关的观点及结论已在前述的报告中呈现。这些研究虽然还不全面，也不成熟，还不能够完全透彻地理解顶级工学院的建设过程，不过我们会继续这个研究，以深化我们的理解。但是这项研究也让我们发现了一些关键性的影响因素，这些关键的影响因素帮助我们从研究者的视角为我国建设世界卓越工学院给出一些实用性的建议。

建议一：将培养未来顶级创新人才及终生学习者作为愿景定位

大学、政府要明确世界卓越工学院的教育使命与管理理念，并将其显性化。顶级工学院合理的愿景定位应该是培养未来顶级创新人才及终生学习者。要充分考虑未来时代中大学的作用，要明确担当起培养卓越人才的责任，并围绕这一愿景定位，做出清晰的战略规划，培养具有未来领导力的技术型领导者与创新者，以满足社会需求。要将创新培养与终生学习理念贯穿于整个培养过程中，尊重学生的个性自由，激发学生的好奇心、创造潜能、团队协作力及社会责任感，鼓励学生自由探索与全面发展。政府要树立持续性支持顶级工学院建设的理念，教育部更要全力支持工科大学以培养创新人才为目标的教育改革，并加强继续教育与终身学习服务体系构建。基于数字技术构建全民终身教育体系，加强国家及各地继续教育的资源建设与开放共享，融合线上线下教育资源，帮助个体不断提高和重塑技能以适应新时代的创新要求。

建议二：建立以工科为核心的跨学科体系

加强对学生的跨学科培养，建立以工科为核心的跨学科体系。通过跨学科设计（包括跨学科课程设计、跨学科师资队伍建设、跨学科人才培养的管理机制如招生、平台建设、评价及资源配置等），使工学院成为世界创新与社会繁荣的知识高地。在课程设计、研究重点以及知识结构方面，需要打破传统学科壁垒，重构教学系统，在通识教育基础上，加强专业化教育与跨学科教育（包括其他专业教育、艺术教育等）相结合，创建跨学科教学、学习与研究活动的全新结构，帮助学生获得全新的知识系统，培养面向未来的领导力以及创新创业的能力。大学需要致力于拓展学生在学科交叉领域上的能力，建立确保可以进行大范围跨学科学习和科研的教学与研究基础设施，包括在校园设计方面也融入打破传统界限的规划，让来自不同领域的师生能够便捷地汇聚一堂，展开教学与研究，校园也是教育。同时，建立跨学科培养评价体系，探索全方位、全周期的动态评价体系，强化综合评价，不断更新、完善对工程科学人才与未来引领人才的学科培养方案。

学科、课程与教学设计要以"战略引领""人的全面发展"及"以学生能力达成"为培养目标。在学科建设上，学校需要进行前瞻性的学科布局，发挥学者的思想引领作用，在布局中要综合考虑自身学科基础、学科发展趋势及国家发展需求。学校的战略要重点布局在学科基础优势、学科发展前沿与国家需求有交叉重叠的地方。既要加强对学科基础及跨学科知识的传授，又要加强"课程思政"教育，把思想政治理论课作为工程人才培养中的一门关键课程，坚持专业教育、伦理教育与思想教育相结合，促进学生在价值观念、能力、知识等方面全方位发展，启发工科人才的责任感与使命感。此外，探索新的教学方法与新形态，鼓励发展项目制教学、体验式教学、线上线下混合式教学等多元化教学方法，建立"多形式、融技术、跨学科"的以学生能力达成为核心的教学培养体系。

建议三：建立打开边界的协同办学机制

建立协同办学机制，帮助大学与外界形成共生共创的伙伴关系。共生的伙伴包括但不限于企业、不同的高校、社区、政府，以及全球范围内具有共生价值的合作者。鼓励与世界范围内的顶级大学、科研机构等共同建设研究中心或实验室，拓展国际交流新方式并共同开展高水平研究，挖掘学科价值前沿，并通过科教结合协同育人。

同时，加强与实践融合，以重点项目或工程实践为基本点，挖掘科学研究的实践价值，增加产教融合的机会。鼓励支持工科人才投入实践，让他们具备相关能力应对"产业高精尖难题"和满足社会需求，这要求将学校科研资源和产业应用资源相匹配，形成有效的产教协同育人及技术成果向产业转化的机制。

建立政府赋能体系，构建新型政府—高校关系，政府主要承担牵引陪伴及赋能角色，鼓励将权力下放到高校，支持高校完善治理结构与管理方式，并在科研经费拨付、干部人事安排、职称评定、薪酬待遇等方面给予学校充分自主权。探索建立学校多元化分类评估体系，建立以高校、企业、第三方机构及政府部门为支撑的整体评估体系，并实施质量评价大数据动态监测，以全景直观式呈现高校和学科建设总体情况。

建议四：构建多渠道的资金筹划机制

构建可持续的资金支持体系，建立国家、地方、社会力量及学校参与的多元化资金筹划机制。探索中央与地方对顶级工科院校的资金支持机制，适当提高本科生和研究生工科人才培养的生均拨款，为学生提供充足的学习与研究经费。国家还可设立专项基金来支持创造性工程人才培养及顶级工学院建设。鼓励学校构建多渠道经费筹措机制，包括独立管理基金、捐赠资金、企业联合研究经费及国家长期投入等，建立具有创造性环境的研究与教学基础设施，为教师提供富有吸引力的薪资待遇及研究启动资金。同时，支持社会力量参与办学，通过政府政策及税收激励等方式鼓励它们以科研合作、捐赠及校企联合基金等多种形式支持工程学科人才培养。

建议五：建立有效的大学治理结构与监管框架

探索建立既考虑中国特色和国情又能引领世界的治理结构与模式。发挥党委领导在顶级工学院中的特殊价值，构建中国特色社会主义的办学文化，把握办学的正确方向。探索并实施有效的大学治理，建立具备专业知识并能代表主要利益相关者的校董会，确保校董会的合理构成，以及成员真正投身学校建设。需重点更新对顶级工学院校长所需具备能力的认识。顶级工学院需要在未知领域中走出创新之路，因而校长不仅需要享有学术声誉，还需要具有创业与创新精神，同时，还要有能力打造区别于传统大学，可支撑跨学科、跨领域、跨产业的全新组织结构。他要积极探索大学管理创新方法，既具备组织变革的能力，又能够吸引顶级学者，激活他们的创新积极性。以书记、校长为领导的团队要着眼于未来，要具有战略定力，避免受到"短期"评估的影响，构建面向未来的创新人才培养及管理运行的治理机制。

要探索制定高校专家审查机制，明确监管框架与政府要求，确保在高校管理自主性的前提下符合规范。但同时，探索建立适当的责任框架，让各利益相关者能保持适当的关系，并能让高校对未知领域的探索及创新人才的培养保持独立性，为未来出发。

结　束　语

> 可以确信的是，一切都处于变化之中，现在正是创造未来的时刻！现在也正是行动的时刻！
>
> ——彼得·德鲁克（Peter F. Drucker）

好的教育能改变人的知识结构，而伟大的教育会改变人本身。卓越工学院建设需要秉持教育的初心，回归工程教育的核心价值。在过去的40年中，中国高等教育得到了长足的发展，但是最近20年来，其质量也被质疑。很多研究机构和学者们给出了不同的分析与结论，实质上只不过是为大学价值未达到社会发展的要求寻找各种借口。

我们应该放弃所有的借口，虽然许多大学几十年来一直致力于提升大学教育，以满足社会发展需求，但没有真正取得突破性的进展，因此我们必须认识到也许是教育模式与方法出了问题。为了解决这个问题，中国工程教育应该开启一种创新高等教育模式的探索，培养出新经济发展真正需要的工程师和科学家，为发展新经济提供增长新引擎。

至此，世界卓越工学院的战略研究报告已经完成。这份报告依然充满乐观与热忱，同时也深知所面对的现实挑战与困境。在这个充满改变与冲突，充满新视野、新机遇、新领域、新价值与永恒危机的时代，未竟的事业焕发着魅力，这需要我们怀抱梦想，并拥有勇气、自信与信念，在时代变革的浪尖上，不再理所当然地延续过去的模式，而是勇于展开新的探索，这些探索势必会开创一个全新的世界。

参考文献

[1] 范内瓦·布什，拉什·D. 霍尔特. 科学：无尽的前沿 [M]. 北京：中信出版集团，2021.

[2] 于海琴，陶正，王连江，Helen Haste. 欧林：打造工程教育的"实验室"（上）——访欧林工学院校长理查德·米勒 [J]. 高等工程教育研究，2018（03）：45-52.

[3] 于海琴，陶正，王连江，Helen Haste. 欧林：打造工程教育的"实验室"（下）——访欧林工学院校长理查德·米勒 [J]. 高等工程教育研究，2018（04）：40-44+71.

[4] 王兆旭，薛惠锋. 基于QS和ARWU排名体系的我国工科大学与世界一流大学的差距分析 [J]. 电子科技大学学报（社科版），2017，19（04）：106-112.

[5] Loyalka P, Liu O L, Li G. et al. Skill levels and gains in university STEM education in China, India, Russia and the United States. Nature Human Behavior, 2021. https://doi.org/10.1038/s41562-021-01062-3.

[6] 菲利普·阿特巴赫（Philip Altbach），莉斯·瑞丝伯格（Liz Reisberg），贾米尔·萨尔米（Jamil Salmi），伊萨克·弗劳明（Isak Froumin）. 新兴研究型大学：理念与资源共筑学术卓越 [M]. 张梦琪，王琪，译. 上海：上海交通大学出版社，2020.

[7] 崔庆玲，刘善球. 中国新工科建设与发展研究综述 [J]. 世界教育信息，2018，31（04）：19-26.

[8] 林健，郑丽娜. 从大国迈向强国：改革开放40年中国工程教育 [J]. 清华大学教育研究，2018，39（02）：1-17.

[9] 吴岩. 新工科：高等工程教育的未来——对高等教育未来的战略思考 [J]. 高等工程教育研究，2018（06）：1-3.

[10] Graham R. The global state of the art in engineering education. Cambridge: Massachusetts Institute of Technology, 2018.

[11] 教育部高等教育教学评估中心.《中国工程教育质量报告（2013年度）》. MT机械工程导报，2015，（1）：45-49.

[12] 张晓冬，廖襄绮. 中国院校研究的主题领域：动态与趋势——基于CiteSpace和VOSviewer的图谱解析 [J]. 高等工程教育研究，2021（02）：128-134.

[13] Fuster M. & Burns T. Back to the Future of Education: Four OECD Scenarios for Schooling.2020, OECD Publishing, Paris. https://www.oecd-ilibrary.org/education/back-to-the-future-s-of-education_178ef527-en.

[14] 童秉纲，李秀波，赵硕. 工程科学研究人才培养之道——童秉纲院士访谈 [J]. 工程研究——跨学科视野中的工程，2016，8（01）：5-11.

[15] 林建华. 校长观点：大学的改革与未来 [M]. 上海：东方出版中心，2018.

[16] 林建华，陈春花，李咏梅，刘超，朱丽. 世界卓越工学院的战略发展路径与人才培养 [J/OL]. 高等工程教育研究：1-11[2021-11-29].http://kns.cnki.net/kcms/detail/42.1026.G4.20211103.1024.034.html.

[17] 郄海霞，李欣旖，王世斌. 四螺旋创新生态：研究型大学引导区域协同创新机制探析——以苏黎世联邦理工学院为例 [J]. 高等工程教育研究，2020（02）：190-196+200.

[18] 罗伯特·K. 殷. 案例研究：设计与方法：第5版 [M]. 周海涛，史少杰，译. 重庆：重庆大学出版社，2017.

[19] 张鹤. 大学是人类的光环和守护者——专访英国伦敦帝国理工学院院长基思·奥尼恩斯爵士 [J]. 世界教育信息，2012，25（15）：3-5+26.

[20] 李学伟. 拓展研究边界 促进学科发展——加州大学伯克利分校学科发展的启示 [J]. 现代教育管理，2013（04）：117-122.

[21] 李政云. 一流本科教育建设的院校战略——英国帝国理工学院案例剖析 [J]. 高等教育研究，2019，40（02）：103-109.

[22] 王玲，万建伟，安成锦. 伦敦帝国理工学院本科教学特点探讨 [J]. 高等教育研究学报，2012，35（04）：52-54+58.

[23] 嵇艳，汪霞. 构建师生为本的教学支持系统——加州理工学院教育服务新视角 [J]. 教育评论，2015（08）：49-52.

[24] 刘绍文. 美国加州理工学院"板块构造"课程的教学特点分析与思考 [J]. 中国地质教育，2017，26（03）：95-100.

[25] 晏华. 佐治亚理工计算机专业人才培养的新思路 [J]. 计算机教育，2006（11）：48-52.

[26] 刘奕涛，彭旭. 教学创新提升一流学习质量——《帝国理工学院学习和教学战略》述评 [J]. 世界教育信息，2018，31（18）：43-49.

[27] 阳海鸥，冷清明. 从MOOC到SPOC：大学在线教育的守与变 [J]. 创新创业理论研究与实践，2021，4（16）：66-68.

[28] 彭湿尘，段世飞. 英国研究生教育的淘汰机制及启示——以剑桥大学、牛津大学为例 [J]. 现代教育科学，2019（12）：137-143.

[29] 过勇. 本科教育的组织模式：哈佛大学的启示 [J]. 高等教育研究，2016，37（01）：64-73.

[30] 王宝玺，于晴. 亚洲世界一流大学建设的特点及启示——以东京大学、新加坡国立大学和香港科技大学为例 [J]. 高校教育管理，2018，12（06）：57-64.

[31] 郑刚，郭艳婷．世界一流大学如何打造创业教育生态系统——斯坦福大学的经验与启示[J]．比较教育研究，2014，36（09）：25-31．

[32] 蒋洪新，孙雄辉．大学科技园视阈下高校科技成果转化路径探索——来自英国剑桥科技园的经验[J]．现代大学教育，2018（06）：53-57．

[33] 杜燕锋．麻省理工学院学科专业与产业互动：历程、特征与启示[J]．广东开放大学学报，2019，28（02）：1-6．

[34] 陈春花，尹俊，刘霄，席酉民．共生协同的大学教育模式——基于西交利物浦大学的案例分析[J]．大学与学科，2021，2（03）：70-79．

[35] 王敬涵．关于哈佛大学国际化建设现状的思考[J]．现代企业教育，2015（02）：146．

[36] 莫甲凤，周光礼．能力、整合、国际化：麻省理工学院工程教育的第三次教学改革[J]．现代大学教育，2016（04）：47-54+112．

[37] 王雪双．世界一流大学的国际化策略选择——以剑桥大学、牛津大学、伦敦大学为例[J]．世界教育信息，2015，28（17）：56-61．

[38] 陈锋．技术革命驱动教育变革：面向未来的教育．中国高等教育微信公众号，2020-10-16．

[39] 杨现民，潘青青，李冀红，李馨，赵云建．利用技术变革教与学——访哈佛大学教育技术专家克里斯·德迪教授[J]．中国电化教育，2016（03）：1-7．

[40] 瞿振元．推动高等工程教育向更高水平迈进[J]．高等工程教育研究，2017，（1）：12-16．

[41] 中国工程教育质量报告（摘要）．中国教育报，2016-04-08（006）：1-8．Doi：10.28102/n.cnki.ncjyb.2016.001320．

[42] 杰夫·戴尔，赫尔·葛瑞格森，克莱顿·克里斯坦森．创新者的基因[M]．曾佳宁，译．北京：中信出版社，2013．

[43] 托尼·瓦格纳．教育大未来[M]．余燕，译．海口：南海出版社，2013．

[44] 白逸仙．斯坦福大学STEAM教育的方向及启示[J]．中国高校科技，2018（11）：60-62．

[45] 牟娟，赵汝木，田山俊．哈佛大学本科教育改革世纪考察[J]．当代教育科学，2012（07）：43-46．

[46] 邓磊，刘丹．"大变革时代"的哈佛大学本科教育改革[J]．高等教育评论，2019，7（02）：78-89．

[47] 郭英剑．哈佛学院，本科教育的智性变革[N]．中国科学报，2018-11-06（007）．

[48] 白强．走向世界一流大学的改革逻辑与启示——以哈佛大学百年改革为例[J]．教师教育学报，2017，4（01）：112-118．

[49] 徐梦杰，张民选．美国大学国际组织高层次人才培养研究——以哈佛大学肯尼迪政府学院为例[J]．比较教育研究，2018，40（05）：33-42．

[50] 沈成飞．在自由与规范之间——哈佛大学的课堂教学、学术交流之见闻和思考[J]．历史教学问题，2014（05）：129-131．

[51] 孟艳.《斯坦福大学2025》计划：高等教育人才培养模式的革命式变革 [J]. 现代教育管理，2019（11）：124-128.

[52] 朱秋月."能力本位"应用型人才内涵、特征与实现路径——基于《斯坦福大学2025计划》的启示 [J]. 教育学术月刊，2019（08）：20-26.

[53] Nesbit, T. Students Travel To 2025 To Question. The Future of Higher Education[EB/OL]. http://www.psfk.com/2014/05/stanford2025-future-education.html.

[54] 肖凤翔，陈凤英. 斯坦福大学工程教育创新发展：缘由、路径及启示 [J]. 高教探索，2020（02）：48-56.

[55] 张春晏. 斯坦福的界与无界——斯坦福大学沈志勋教授专访 [J]. 清华管理评论，2017（04）：8-16.

[56] 李曼丽. 独辟蹊径的卓越工程师培养之道——欧林工学院的人才教育理念与实践 [J]. 大学教育科学，2010（2）：91-96.

[57] Somerville, M., Anderson, D., Berbeco, H, et al. The Olin Curriculum: Thinking Toward the Future. IEEE Transactions on Education, 2005, 48(1): 198-205.

[58] 代玉，王贺欣. 中美新工科教育典型人才培养模式研究——以欧林工学院和天津大学为例 [J]. 河北大学学报（哲学社会科学版），2020，45（03）：78-86.

[59] 杜智萍. 英国古典大学一流本科教育的理念基石与实践保障——基于牛津、剑桥两校本科教育的考察 [J]. 河北大学学报（哲学社会科学版），2020，45（01）：80-87.

[60] 李东成. 导师制：牛津和剑桥培育创新人才的有效模式 [J]. 中国高等教育，2001（08）：46+21.

[61] Ted Tapper, David Palreyman. Oxford and the Decline of the Collegiate Tradition[M]. London: Woburn Press, 2000.

[62] 马进亮. 独具特色的牛津大学本科人才培养二元结构 [J]. 新课程研究（中旬刊），2013（08）：187-190.

[63] 杜朝晖. 国外一流大学怎样培养创新人才 [N]. 中国教育报，2011-07-05（003）.

[64] 张兰勇. 帝国理工学院人才培养模式探析 [J]. 工学周报，2017（2138），第03版.

[65] 邓嵘. 世界一流大学教师发展中心的运作模式及启示：以帝国理工学院为例 [J]. 黑龙江高教研究，2019（09）：56-61.

[66] Imperial College London. Innovative Teaching for World Class Learning: Learning and Teaching Strategy[R]. Imperial College London, 2017.

[67] 任娇菡，任真，徐进. 瑞士苏黎世联邦理工学院创新型人才培养模式及其启示 [J]. 世界科技研究与发展，2020，42（02）：245-252.

[68] 陈春梅，吴薇. 欧美顶尖理工学院教师发展组织探析——以美国麻省理工

学院和瑞士苏黎世联邦理工学院为例 [J]. 世界教育信息，2018，31（07）：55-59+67.

[69] 李猛. 北京大学元培学院：自由学习的共同体 [J]. 中国大学教学，2019（12）：12-15.

[70] 汤建民. 2019 中国民办本科院校及独立学院科研竞争力评价研究报告 [J]. 高教发展与评估，2020，36（01）：47-52+91.

[71] 杨保成. 黄河科技学院：创新引领，产教融合，内涵发展，加快推进示范性应用技术大学建设 [J]. 河南教育（高教），2019（06）：32-35.

[72] 董雪峰，王明艳，贺素霞. 基于 CDIO 模式的工科应用创新型人才培养模式研究 [J]. 黄河科技学院学报，2019，21（05）：98-103.

[73] 阙明坤，陈春梅，王华. 我国建设新型高水平民办大学的背景、挑战与策略——以西湖大学为例 [J]. 高校教育管理，2020，14（04）：32-41.

[74] 皮磊. 从 15 亿到 200 亿 西湖教育基金会如何跨过筹资关？. 公益时报. 2019-04-16.

[75] 董钊. 世界一流大学治理结构探析——以 MIT 为例 [J]. 现代教育科学，2019（04）：45-49+54.

[76] 黄亚生，张世伟，余典范，王丹. MIT 创新课 [M]. 北京：中信出版社，2015.

[77] 王曼骅. 美国麻省理工学院协同创新实践研究与启示 [D]. 河北大学，2016.

[78] 张廷朝. 加州理工学院：精英教育的典范 [J]. 教育与职业，2010（28）：93-95.

[79] 石中英，安传迎，肖桐. 我国 C9 大学与英美顶尖大学学院设置的比较研究 [J]. 高等教育研究，2020，41（08）：94-100.

[80] 孔颖. 美国私立高等精英教育的典范——加州理工学院 [J]. 民办教育研究，2006（06）：100-102.

附　　录①

问卷调研（中文版）

关于中国工程人才培养的调研

尊敬的先生/女士，您好！

　　首先非常感谢您参与本次调查，对您的支持和配合我们表示由衷的感谢！为了了解我国工程院校人才培养的特点，进一步完善我国工程院校人才培养机制，我们设计了此问卷。

　　所有问卷均采取匿名填写的方式，您的回答仅作为研究使用，请您放心作答。问卷内容的回答无对错之分，请根据您的实际情况进行作答。您回答的真实性对于本次研究十分重要，您的支持对我们有重要意义。

　　填写本份问卷大约需要 15 分钟，问卷填写过程中如有任何问题、意见，请您与我们的研究团队联系，再次感谢您的支持！

联系人：liuchao007@pku.edu.cn

1. 您的性别是什么？［单选题］
    ○ 男
    ○ 女

---

① 附录首次出现对应的章节是第 1 章第 1、2 节。

2. 您的年龄是多大？[单选题]

　　○ 25 岁及以下

　　○ 25—35 岁（不包含 35）

　　○ 35—45 岁（不包含 45）

　　○ 45—55 岁（不包含 55）

　　○ 55 岁及以上

3. 您的身份是什么？[单选题]

　　○ 教学老师

　　○ 行政老师

　　○ 企业基层人员

　　○ 中高层管理者

4. 您的学校是什么？请填写您的学校全名（下面问题中的"贵校"基于此处答案）[填空题]

　　_____

5. 您毕业的本科学校是什么？请填写您毕业学校全名（下面问题中的"贵校"基于此处答案）[填空题]

　　_____

6. 您认为中国工程人才培养的总体现状如何？（单选）[单选题]

　　○ a. 整体质量非常差

　　○ b. 整体质量比较差

　　○ c. 整体质量较一般

　　○ d. 整体质量比较好

　　○ e. 整体质量非常好

7. 您认为中国工程高端人才的现况如何？（单选）[单选题]

　　○ 高端人才严重依赖国外

　　○ 高端人才比较依赖国外

　　○ 高端人才一般依赖国外

○ 高端人才较少依赖国外

○ 高端人才很少依赖国外

8. 您认为中国工程人才培养的挑战、困难或瓶颈是什么？（多选）[多选题]

    ○ a. 缺乏行业引导与支持，学校与学校、企业、科研机构等合作较差

    ○ b. 学校办学理念、专业定位与设置脱离社会实际需求

    ○ c. 人才培养方案、课程体系及教学互动不合理，难以培养高质量人才

    ○ d. 缺乏新技术融入，知识更新缓慢

    ○ e. 学生与教师评价制度单一，无法激活学生与老师

    ○ f. 其他，如 _____

9. 您认为数字化时代下，国内工程人才的培养模式是否应该变革？（单选）[单选题]

    ○ a. 非常不同意变革

    ○ b. 比较不同意变革

    ○ c. 一般

    ○ d. 比较同意变革

    ○ e. 非常同意变革

10. 您认为未来工程人才培养及顶级工程院校治理的关键词是什么？（多选）[多选题]

    ○ a. 以人为本

    ○ b. 校企协同

    ○ c. 跨学科融合

    ○ d. 基于数字技术的教学创新

    ○ e. 开放学习资源

    ○ f. 教育智能化

○ g. 其他，如 _____

11. 您认为在数字化时代，工程人才应具备的能力包括哪些？
    （多选）[多选题]

    ○ a. 批判性思维能力

    ○ b. 问题发现、分析和解决的快速行动能力

    ○ c. 创造能力

    ○ d. 跨领域、学科合作协同能力

    ○ e. 信息技术能力

    ○ f. 认知辨别力，如辨别真善美等

    ○ g. 美术能力、人文艺术素质等

    ○ h. 其他，如 _____

12. 您认为在本科生培养中，工程人才培养的重点在于什么？
    （多选）[多选题]

    ○ a. 实践导向，贴合行业实践需求，调动多资源参与工程实践教学

    ○ b. 研究导向，培养学生科学严谨精神与方法

    ○ c. 加强国际交流与合作，创新工程人才培养机制

    ○ d. 科学的跨学科课程体系设置，兼顾通识教育与专业教育

    ○ e. 建立全方位的人才培养的质量评价体系

    ○ f. 其他，如 _____

13. 您认为，相比较于本科生，在研究生培养中，工程人才培养的重点在于什么？（多选）[多选题]

    ○ a. 以研究为导向，致力解决实践背后根本性的研究问题

    ○ b. 更注重创新能力

    ○ c. 更注重伦理道德教育

    ○ d. 帮助辅导、培养本科生，实现协同成长

○ e. 跨学校跨学科的合作协同

○ f. 其他，如 ＿＿＿＿＿＿＿＿＿＿＿＿＿＿

14. 在学校的工程人才培养中，您认为贵校的校企合作、产教融合如何？（单选）[单选题]

　　○ a. 非常差

　　○ b. 比较差

　　○ c. 一般

　　○ d. 比较好

　　○ e. 非常好

15. 您认为如何更好地实现教育、产业和人才培养的结合？[多选题]

　　○ a. 学校紧跟国家战略，培养具有使命感的满足社会需求的工程人才

　　○ b. 以设计思维来设置跨学科的课程体系，真正激发学生的学习动力

　　○ c. 构建合理的学术科研及产业生态，让技术从产生到应用不断裂

　　○ d. 国家制定充分政策促进并保障产学研协同

　　○ e. 其他，如 ＿＿＿＿＿＿＿＿＿＿＿＿＿＿

16. 您认为在工程人才培养过程中，以下哪些技术对于高质量人才培养具有重要意义？（多选）[多选题]

　　○ a. 线上线下教学混合设计，提升学习体验感

　　○ b. 人工智能 / 机器学习的应用，支持服务师生，协同教学

　　○ c. 开放教育资源，让师生公开免费使用

　　○ d. 增强现实与虚拟现实技术，提供场景学习新体验

　　○ e. 自适应学习技术，实现个性化学习

　　○ f. 其他，如 ＿＿＿＿＿＿＿＿＿＿＿＿＿＿

17. 在贵校，已使用以下哪些创新教学法？［多选题］

　　○ a. 人工智能应用教育

　　○ b. 远程教育和线上实验室

　　○ c. 离线网络学习

　　○ d. 关注数据伦理

　　○ e. 社会公平教育

　　○ f. 电子竞技

　　○ g. 动画学习

　　○ h. 多感官学习

　　○ i. 开放数据学习

　　○ j. 后人本主义学习

　　○ k. 其他，如 ＿＿＿＿＿＿＿＿＿＿

18. 与现场教学的线下教育相比，您更偏好的模式是什么？（单选）［单选题］

　　○ a. 全部是线下教育

　　○ b. 以线下教育为主，线上教育为辅

　　○ c. 线上线下教育各占一半

　　○ d. 以线上教育为主，线下教育为辅

　　○ e. 全部是线上教育

19. 您认为远程/在线教育的优势在于什么？［多选题］

　　○ a. 能促进教育公平

　　○ b. 增加多元学习场景，提供灵活、自主学习机会

　　○ c. 在线学习成本较低

　　○ d. 有利于国家软实力和竞争力提升

　　○ e. 其他，如 ＿＿＿＿＿＿＿＿＿＿

20. 您认为远程/在线教育应满足以下哪些条件？（多选）［多选题］

　　○ a. 开放数据与资源共享，并注重数据使用伦理问题

- b. 在线提问、解答及互动
- c. 公平的、个性化的学习与辅导
- d. 与线下教育相辅相成，弥补线下短板
- e. 提供学生或老师评价分析的数据基础
- f. 其他，如 _____

21. 您认为实施远程/在线教育的困难在于什么？（多选）[多选题]
    - a. 无法监督学习进度与效果
    - b. 五花八门不兼容的远程系统，及智能技术支持有限
    - c. 缺乏有效的师生互动
    - d. 有限的专业与跨学科课程资源
    - e. 缺乏有效的学生与老师评价体系
    - f. 缺乏相应的法律及制度保障
    - g. 其他，如 _____

22. 您认为远程/在线教育的未来重点在于什么？（多选）[多选题]
    - a. 学校与教师思考如何更好应用技术（包括AR、机器人、区块链等）
    - b. 构建开放共享的课程体系
    - c. 利用智能技术进行学习行为分析与优化
    - d. 在线课程质量评价体系
    - e. 政府政策、法律制度保障
    - f. 有效的师生互动
    - g. 其他，如 _____

23. 您认为未来教育的人才培养变革中，学校治理最需要关注的地方在哪里？（多选）[多选题]
    - a. 学校教育使命、愿景的审视

- ○ b. 关注国家战略与国际化合作，培养高质量国际化人才
- ○ c. 思考与多维数字技术的协同共生，赋能师生
- ○ d. 关注人的全面发展，专业教育与通识教育（包括伦理、道德等）并行
- ○ e. 不同类型人才学科体系的设计，跨学科、个性化的培养方案
- ○ f. 探究新的科学的教学、学习及相应评价模式
- ○ g. 学校、企业与科研机构等多元协同教学与治理生态
- ○ h. 促进优质教育资源的开放共享
- ○ i. 其他，如 _____

24. 您认为未来教育的人才培养变革中，老师最需要关注的地方在哪里？（多选）[多选题]
    - ○ a. 有危机意识，自主思考、完善专业设置
    - ○ b. 关注激发学生的潜能及良好的师生互动
    - ○ c. 以学生的全面发展为中心
    - ○ d. 采用个性化的培养方案
    - ○ e. 提升自身工程实践能力，注重产教融合、协同教学
    - ○ f. 其他，如 _____

25. 您认为未来教育的人才培养变革中，学生最需要关注的地方在哪里？（多选）[多选题]
    - ○ a. 关注学生成功的路径与评价分析
    - ○ b. 跨学科融合，兼顾通识教育与专业教育
    - ○ c. 培养协同合作创新力
    - ○ d. 知行合一，在实践中验证、探索与学习
    - ○ e. 信息技术能力培养
    - ○ f. 德行与态度培养
    - ○ g. 其他，如 _____

26. 您认为贵校的较有吸引力或创新性的工程人才培养的理念、政策、项目或实践是什么？请举例说明。［填空题］

27. 您认为贵校在工程人才培养方面，哪些地方需要改善？未来的教育趋势应该是什么？请阐述。［填空题］

引语：民办大学是指国家机构以外的社会组织或者公民个人利用非国家财政性经费，面向社会依法举办的学校。截至 2019 年 6 月 15 日，全国高等学校共有普通高等学校 2 688 所（含独立学院 257 所），其中有 756 所民办高校。国家非常鼓励也严格控制社会力量举办高等教育。至今，民办高校为社会输送了很多人才，但其办学依旧有很多缺陷及需要完善的地方。根据您自己的实际感受，回答下面几个问题。

28. 请您描述几点民办大学的不足及优势机遇。［填空题］

29. 您认为，民办大学未来发展或建设的重点在于什么？［填空题］

问卷调研（英文版）

The Investigation on the cultivation of top talents in engineering colleges

Dear Professor,

First, thank you very much for participating in this survey, and we express our heartfelt thanks for your support and cooperation! In order to understand and improve the mechanisms of top talents training in engineering colleges in my country, we designed this questionnaire.

All questionnaires are filled in anonymously. Please rest assured that your answers will only be used for research. There is no right or wrong answers to our questionnaire, please give answers according to your actual situation. The authenticity of your answer is very important for this research, and your support is of great significance to us.

It takes about 15 minutes to fill out this questionnaire. If you have any questions or comments, please contact our research team and thank you for your support again.

Best Regards

Any Problems, Please Contact: liuchao007@pku.edu.cn

1. What's your gender? [单选题]

    ○ male

    ○ female

2. What's your age? [单选题]

    ○ a. 25 years old or below

    ○ b. 25-35 years old (not including 35)

    ○ c. 35-45 years old (not including 45)

    ○ d. 45-55 years old (not including 55)

    ○ e. 55 years old or above

3. What's your identity? [单选题]

    ○ a. undergraduate

    ○ b. graduate

    ○ c. Teaching Faculty

    ○ d. administrative staff

4. What's your school? Please fill in your school's full name. [填空题]

---

5. In your opinion, what is the overall status of engineering talents training in China? [单选题]

   ○ a. The overall quality is very poor.

   ○ b. The overall quality is relatively poor.

   ○ c. The overall quality is general.

   ○ d. The overall quality is good.

   ○ e. The overall quality is very good.

6. In your opinion, what's the current status of top engineering talents in China? [单选题]

   ○ a. high-end talents rely poorly on foreign countries.

   ○ b. high-end talents are less dependent on foreign countries.

   ○ c. high-end talents are generally dependent on foreign countries.

   ○ d. high-end talents are more dependent on foreign countries.

   ○ e. high-end talents rely heavily on foreign countries.

7. In your opinion, what are the challenges, difficulties or bottlenecks in the training of Chinese engineering talents? (Multiple choices) [多选题]

   ○ a. Lack of industry guidance and support, poor cooperation between schools and schools, enterprises, scientific research institutions, etc.

   ○ b. The school's educational philosophy and professional positioning are out of the society's actual needs.

   ○ c. Talents training programs, curriculum systems and teaching modes are unreasonable, making it difficult to train high-quality talents.

○ d. Lack of new technology integration, and knowledge updating is slow.

○ e. The evaluation system of student and teacher is single and cannot activate students and teachers.

○ f. Others, such as _____

8. In your opinion, whether the training model of engineering talents be changed in the digital age? [单选题]

○ a. I strongly disagree that it change.

○ b. I relatively disagree that it change.

○ c. I generally agree that it change.

○ d. I relatively agree that it change.

○ e. I Strongly agree that it change.

9. In your opinion, what are the keywords of future engineering talents training and governance of top engineering schools? (Multiple choices) [多选题]

○ a. People-oriented

○ b. School-enterprise collaboration

○ c. Interdisciplinary integration

○ d. Teaching innovation based on digital technology

○ e. Open learning resources

○ f. Intelligent education

○ g. Others, such as _____

10. In your opinion, what capabilities would engineering talents have in the digital era of this time? (Multiple choices) [多选题]

○ a. Critical thinking skills

○ b. Quick acting capabilities for problem discovery, analysis and resolution

- c. Creative capabilities
- d. Interdisciplinary cooperating capabilities
- e. Information technology capabilities
- f. Cognitive capabilities, such as distinguishing between truth, goodness and beauty
- g. Others, such as _____

11. In your opinion, what is the focus of cultivating engineering talents for the undergraduates? (Multiple choices) [多选题]
    - a. Practice-oriented, meet the practical needs of the industry, mobilize multiple resources to support engineering practice teaching.
    - b. Research-oriented, cultivate students' rigorous scientific spirit and methods.
    - c. Strengthen international exchanges and cooperation, and innovate engineering talents training mechanism.
    - d. Setting up scientific interdisciplinary courses system, taking into account both general education and professional education.
    - e. Establishing a comprehensive quality evaluation system for talents training.
    - f. Others, such as _____

12. In your opinion, compared with undergraduates, what is the focus of engineering talents training for the graduates? (Multiple choices) [多选题]
    - a. Research-oriented, dedicated to solving the fundamental research problems behind practices.

○ b. More emphasis on innovation ability.

○ c. Pay more attention to ethics education.

○ d. Help training undergraduates to achieve growth.

○ e. Scholar cooperation and collaboration across schools and disciplines.

○ f. Others, such as _____

13. In the training of engineering talents in your school, what do you think of the cooperation between schools and enterprises, and the integration of industry and education? [单选题]

    ○ a. Very poor

    ○ b. Poor

    ○ c. General

    ○ d. Good

    ○ e. Very good

14. In your opinion, how to better integrate education, industry and talent training? [多选题]

    ○ a. The school closely follows the national strategy and cultivates engineering talents with a sense of mission to meet the needs of society.

    ○ b. Set up interdisciplinary courses in a designing way to truly stimulate students' motivation to learn.

    ○ c. Build a reasonable ecology integrating academic research and industries, facilitating the process starting from the technology production to business application.

    ○ d. The country sets up adequate policies to guarantee collaboration between industries, universities and research institutes.

○ e. Others, such as _____

15. In your opinion, in the process of engineering talents training, which of the following technologies are important for cultivating high-quality talents? (Multiple choices) [多选题]

   ○ a. Mixed online and offline teaching designs to enhance the learning experience.

   ○ b. Application of artificial intelligence / machine learning to support teachers and students.

   ○ c. Open education resources and let teachers and students use them free of charge.

   ○ d. Augmented reality and virtual reality technologies to provide a new experience of scene learning.

   ○ e. Adaptive learning technology to achieve personalized learning.

   ○ f. Others, such as _____

16. In your school, which of the following innovative teaching methods have been used? [多选题]

   ○ a. Artificial intelligence in education

   ○ b. Distance education and online laboratories

   ○ c. Offline networked learning

   ○ d. Engaging with data ethics

   ○ e. Social justice pedagogy

   ○ f. E-sports

   ○ g. Learning from Animation

   ○ h. Multi-sensory learning

   ○ i. Learning through Open data

   ○ j. Post-humanistic perspectives

○ k. Others，such as _____

17. Compared with the offline education, which teaching mode do you prefer? [单选题]

    ○ a. I prefer all modes are offline education.

    ○ b. I prefer a focus on offline education, supplemented by online education.

    ○ c. I prefer both online and offline education, each accounting for a half.

    ○ d. I prefer a focus on online education, supplemented by offline education.

    ○ e. I prefer all modes are online education.

18. What do you think is the advantage of distance / online education? (Multiple choices) [多选题]

    ○ a. Can promote educational equity.

    ○ b. Add multiple learning scenarios to provide flexible and autonomous learning opportunities.

    ○ c. Online learning costs are lower.

    ○ d. Conducive to the improvement of national soft power and competitiveness.

    ○ e. Others, such as _____

19. what function do you think distance /online education should satisfy? (Multiple choices) [多选题]

    ○ a. Open data or resource sharing, and pay attention to data ethics.

    ○ b. Online questions, answers and interactions.

    ○ c. Fair and personalized learning.

    ○ d. Make up for the shortcomings of offline education.

○ e. Provide the data basis for the evaluation and analysis of students and teachers.

○ f. Others, such as _____

20. What do you think are the difficulties in implementing distance/online education? (Multiple choices) [多选题]

    ○ a. Unable to monitor students' learning progress and effect.
    ○ b. A wide range of incompatible remote systems and limited intelligent technical support.
    ○ c. Lack of effective teacher-student interaction.
    ○ d. Limited interdisciplinary courses resources.
    ○ e. Lack of effective evaluation system of the student and teacher.
    ○ f. Lack of Government's policies and regulations.
    ○ g. Others, such as _____

21. What do you think is the future focus of distance/online education? (Multiple choices) [多选题]

    ○ a. Schools and teachers should think how to better apply technology (including AR, robots, blockchain, etc.).
    ○ b. Build an open and shared interdisciplinary courses system.
    ○ c. Using intelligent technology to analyze and optimize learning behavior.
    ○ d. Build online course quality evaluation system.
    ○ e. Government should set up policies and related regulations.
    ○ f. Effective teacher-student interaction.
    ○ g. Others, such as _____

22. What do you think is the most important thing that schools need to pay attention to in the future reform of engineering talents

training? (Multiple choices) [多选题]

- ○ a. A Review of education mission and vision.
- ○ b. Focus on national strategy and international cooperation to train high-quality international talents.
- ○ c. Thinking of using multi-dimensional digital technology to empower teachers and students.
- ○ d. Pay attention to the overall development of students, including both professional education and general education. (including ethics, morals, etc.)
- ○ e. Design of different discipline courses of different engineering talents, setting up an interdisciplinary and personalized training program.
- ○ f. Explore new scientific teaching, learning and corresponding evaluation models.
- ○ g. Collaborative teaching and governance ecology between schools, enterprises and scientific research institutions.
- ○ h. Promote the open and sharing of high-quality educational resources.
- ○ i. Others, such as _____

23. What do you think is the most important thing that teachers need to pay attention to in the future reform of engineering talents training?(Multiple choices) [多选题]

- ○ a. A sense of Crisis, setting up and improving the interdisciplinary courses independently.
- ○ b. Focus on stimulating students' potential and interaction with the students.
- ○ c. Focus on the overall development of students.

- d. Use personalized training programs.
- e. Improve one's own engineering practice ability, pay attention to the integration of production and education, collaborative teaching.
- f. Others, such as _____

24. What do you think is the most important thing that students need to pay attention to in the future reform of engineering talents training? (Multiple choices) [多选题]
    - a. Focus on the path of student success and evaluation analysis.
    - b. Interdisciplinary integration, taking into account both general education and professional education.
    - c. Foster collaborative innovation.
    - d. Combination of knowledge and action, and learning in practice.
    - e. Building information technology capacity.
    - f. Virtue, morality and attitude development.
    - g. Others, such as _____

25. What philosophy, ideas, policies, projects or practices of engineering talent training in your school do you think is more attractive or innovative? Please give an example. [填空题]

_____

26. In your opinion, what aspects of your school's cultivation of engineering talents need improvement? What should the future education trends be? Please elaborate. [填空题]

_____